AF456430

JOURNAUX INTIMES

MÉMOIRES RÉVÉLATEURS

JOURNAUX INTIMES DE BYRON

LIBRAIRIE GALLIMARD

PARIS

S. P.

JOURNAL COMMENCÉ LE 14 NOVEMBRE 1813

Si j'avais commencé ce journal il y a dix ans, et que je l'eusse fidèlement tenu ! eh !... oh !... Il n'y a que trop de choses que je voudrais ne pas me rappeler. Après tout, j'ai eu ma part de ce qu'on appelle les plaisirs de cette vie, et j'ai vu du monde européen et asiatique, plus qu'il n'a été utile à mon bonheur. On dit que la vertu est à elle-même sa propre récompense. Certes, elle doit bien se payer pour la peine qu'elle nous donne. A vingt-cinq ans, lorsque la meilleure partie de la vie est déjà écoulée, on devrait être quelque chose ; et que suis-je moi ? Rien, qu'un homme de vingt-cinq ans et quelques mois. Qu'ai-je-vu ? Le même homme partout ; oui : et partout la même femme. Qu'on me donne un mahométan qui ne fasse jamais de questions, et une femelle de la même race qui nous épargne la peine d'en faire. Sans cette peste, cette fièvre jaune, et ce délai de Newstead, je serais maintenant pour la seconde fois près de l'Euxin. Si je puis me sortir du dernier embarras, je m'inquiéterai peu de la contagion ; et à tout événement, le printemps me verra là-bas ; pourvu toutefois que je ne me marie ni ne démarie personne dans l'intervalle. Je voudrais que quelqu'un fut... ma foi, je ne sais ce que je voudrais. Il est singulier que je n'aie jamais désiré sérieusement une chose sans l'obtenir, et sans m'en repentir après. Je commence à croire avec les bons vieux mages qu'on ne devrait prier que pour la nation, et non pour l'individu ; mais d'après mon principe, ce ne serait pas très patriotique.

Plus de réflexions. Voyons ! — Hier soir, j'ai fini « Zuléïka », mon second conte turc. Je crois que cette composition m'a empêché de mourir ; car je ne l'ai entreprise que pour détourner mes pensées du souvenir de ***. « Nom cher et sacré reste à jamais ignoré. » Du moins, même ici, ma main tremblerait en l'écrivant. J'ai brûlé, cette après-midi, les scènes de la comédie que j'avais commencée,

J'ai quelque intention d'expectorer un roman, ou plutôt un conte en prose ; mais bon Dieu ! quel roman pourrait égaler la réalité ?

> ...Quæque ipse...... vidi
> Et quorum pars magna fui.

Aujourd'hui Henri Byron est venu me voir avec ma petite cousine Eliza. Elle grandira pour devenir une beauté et un fléau ; mais en attendant, c'est la plus ravissante enfant ! Des yeux brun foncé, et des cils noirs et longs comme l'aile d'un corbeau. Je la crois plus jolie même que ma nièce Georgina, et pourtant je n'aime pas à penser que ce soit ainsi ; et quoique plus âgée, elle est certainement moins spirituelle.

Dalles est venu avant que je fusse levé, de sorte que nous ne nous sommes pas vus. J'ai eu aussi la visite de Lewis, qui est morose, et blâme tout. Que lui manque-t-il ? Il n'est pas marié. — Aurait-il perdu sa maîtresse, ou la femme de son prochain ? Hodgson aussi est venu ; il va se marier ; c'est l'espèce d'homme que ce lien rendra heureux. Il a du talent, de la gaîté, tout ce qui peut en faire un compagnon agréable ; sa prétendue est belle, jeune, et tout le reste. Mais je n'ai vu personne qui ait beaucoup gagné au mariage. Tous mes contemporains qui ont passé sous le joug sont chauves et mécontents. V... et S... ont à la fois perdu leurs cheveux et leur bonne humeur, et le dernier avait fort à perdre. Mais une fois engagé dans la voie conjugale, peu importe ce qui se détache du front d'un homme. Mem : Acheter demain un joujou pour Eliza ; et envoyer la devise pour mon cachet et celui de *** ; ne pas oublier non plus une visite à madame de Staël, à lady Holland, et aussi à *** qui m'a conseillé (sans l'avoir lu, par parenthèse) de ne pas publier Zuléïka ; je crois qu'il a raison, mais l'expérience aurait dû lui apprendre que ne pas imprimer est chose physiquement impossible. Personne ne l'a vu qu'Hodgson et M. Gifford. Jamais de ma vie je ne lis une composition, si ce n'est à Hodgson, qui me paie de la même monnaie. C'est une chose horrible à faire trop souvent ; mieux vaut imprimer, et alors lit qui veut, et si cela ne plaît pas aux lecteurs, du moins avez-vous la satisfaction de savoir qu'ils ont acheté le droit de le dire.

J'ai refusé de présenter la pétition des Débiteurs ; ces momeries parlementaires m'ennuient. J'ai parlé trois fois à la Chambre ; mais je doute que jamais je devienne orateur. Mon premier discours fut goûté ; quant au second et au troisième, je ne sais s'ils ont eu ou non du succès. Je ne m'y suis jamais mis *con amore* ; il faut bien toujours avoir une excuse vis-à-vis de soi-même pour justifier sa paresse ou son incapacité, ou toutes deux, et c'est la mienne. « La société, la mauvaise société a fait ma ruine », et puis, j'ai pris des drogues, non pour me faire aimer les autres, mais certainement en assez bonne quantité pour me haïr moi-même.

Avant-hier soir, j'ai vu souper les tigres à Exeter-Change ; excepté le lion de Véli-pacha, en Morée, qui suivait comme un chien son gardien arabe, c'est la tendresse de la Hyène pour le sien qui m'a le plus amusé. Et quelle assemblée ! Il y avait un hippopotame qui ressemble trait pour trait à lord M...l ; et le Paresseux a juste les manières et jusqu'au son de voix de mon valet de chambre : mais le tigre parlait trop. L'éléphant a pris et m'a rendu mon argent, m'a ôté mon chapeau, ouvert une porte, a caché un fouet dans sa trompe et s'est comporté si bien, que je souhaiterais l'avoir pour sommelier. Une des panthères est sans contredit le plus bel animal qui existe, mais les pauvres gazelles sont mortes. Je ne pourrais souffrir d'en voir une ici. La vue du chameau m'a fait soupirer après l'Asie Mineure. « O quando te aspiciam ?... »

16 *novembre.*

Hier, je suis allé avec Lewis à la reprise d'*Antoine et Cléopâtre* ; la pièce était admirablement montée et jouée : une salade de Shakespeare et de Dryden. Cléopâtre me frappe comme le résumé de son sexe ; aimante, vive, triste, tendre, capricieuse, humble, fière, belle, le diable ! coquette jusqu'au bout, avec l'aspic comme avec Antoine. Après avoir fait tout ce qu'elle a pu pour lui persuader... mais pourquoi lui reproche-t-on (à Antoine) d'avoir fait trancher la tête à ce poltron de Cicéron ? Cicéron n'avait-il pas dit à Brutus qu'il était dommage d'épargner Antoine ? n'avait-il pas prononcé les Philippiques ? Et des paroles ne sont-elles pas des choses ? et des paroles comme celles-là ne sont-elles pas choses mortelles ? Eût-il eu cent têtes, il eût mérité qu'Antoine les exposât chacune au rostrum (où la sienne figura, du reste) ; quoique après tout, il eût peut-être aussi bien fait de lui pardonner, ne fût-ce que pour l'honneur de la chose. Mais, pour y revenir, Cléopâtre, après s'être assurée d'Antoine, et quand elle sait qu'il ne bougera pas, lui dit : « Et cependant, partez ! il y va de votre intérêt, etc. » Voilà bien la femme ! et puis toutes ses questions sur Octavie ! oh ! elle est femme de la tête aux pieds !

Aujourd'hui, une invitation de lord Jersey pour aller à Middleton : faire un voyage de soixante milles pour me rencontrer avec madame ***. J'en ai fait une fois un de mille lieues pour me trouver avec des gens qui sussent se taire ! et ladite dame écrit des in-octavo, et parle des in-folio ! J'ai lu ses ouvrages ; je les aime pour la plupart, et le dernier m'enchante, mais je ne veux pas et l'entendre et la lire. J'ai lu du Burns aujourd'hui. S'il fût né patricien, qu'aurait-il été ? Nous aurions eu plus de poli, moins de force ; juste autant de vers, mais point d'immortalité ; un divorce et un ou deux duels, et s'il y eût échappé, comme ses libations auraient nécessairement été plus saines et moins spiritueuses, il eût pu atteindre à la vieillesse de Sheridan, et survivre à lui-même comme le pauvre Brinsky. Quel triste débris est ce dernier ! et tout ce naufrage, faute de gouvernail ; car personne jamais n'eut de brises plus favorables, avec quelques rafales pourtant. Pauvre Sherry ! jamais je n'oublierai le jour que nous passâmes ensemble, lui, Rogers, Moore et moi ; il parla depuis six heures du soir jusqu'à une heure du matin, et nous l'écoutâmes sans qu'un de nous bâillât une seule fois.

J'ai mes cachets.... Le joujou de ma petite cousine Eliza a encore été oublié ; il faut que je l'envoie acheter demain. J'espère que Henri m'amènera la petite. J'ai envoyé les épreuves de la dernière édition de *Giaour* et celle de la *Fiancée d'Abydos*, à lord Holland. Ce dernier poème ne lui plaira pas, et je ne crois pas qu'il me plaise bien longtemps. Il a été écrit dans quatre nuits pour conjurer mes rêves sur ***, sans cela je ne l'eusse jamais composé. Mais si je ne m'étais donné cette tâche, j'aurais perdu l'esprit, à me ronger le cœur : amère nourriture ! Hodgson préfère la *Fiancée* au *Giaour* ; mais il sera le seul de cet avis. D'ailleurs, il n'a jamais aimé le fragment. Sans Murray ce dernier poème n'aurait pas été publié, quoique les événements qui en font la base le rendent... Ah!...

J'ai vu ce soir les deux sœurs de *** ; mon Dieu ! que la plus jeune lui ressemble ! J'ai failli m'élancer à travers la salle, et suis si aise qu'il n'y eût personne que moi dans la loge de lady H. Je hais ces ressemblances ! c'est l'oiseau moqueur et non le rossignol ! De quoi réveiller les souvenirs, et de quoi les rendre si pénibles ! On querelle avec les points de ressemblance, et avec ceux qui font distinguer l'erreur.

La terre ne contient pas un être tel que toi ; et s'il en existait, ce serait vainement : pour des mondes, je ne voudrais voir femme qui te ressemblât, et qui ne fût pas toi [1].

17 *novembre.*

Point de lettre de *** ; mais je ne dois pas me plaindre. Le vénérable Job a dit : « Pourquoi l'*homme vivant* se plaindrait-il ? » Réellement, je n'en sais rien, si ce n'est par la raison que l'*homme mort* ne *peut* se plaindre. Et lui, ledit patriarche, se plaignait pourtant, et

1. Le Giaour.

même au point de fatiguer ses amis et d'amener sa femme à lui faire cette pieuse exhortation : « maudis ! et meurs ! » Le seul moment, à ce que je suppose, où l'on ne trouve pas un peu de soulagement à jurer.

J'ai reçu une lettre fort amicale de lord Holland au sujet de la *Fiancée d'Abydos* ; lui et lady H. en sont contents. C'est fort gracieux de la part de deux personnes dont je n'ai droit d'attendre aucun merci. Je m'étais figuré dans le temps que la maison de lord Holland était le foyer des inimitiés dirigées contre moi, et je suis fort aise de m'être trompé. Je souhaiterais de tout mon cœur ne m'être pas tant pressé pour cette satire, que Dieu confonde ! et dont je voudrais maintenant effacer jusqu'au souvenir ; mais à présent qu'on ne peut plus la trouver, les gens en font mille fois plus de bruit ; purement, je crois, par esprit de contradiction.

George Ellis et Murray se sont entretenus de Scott et de moi. George *pro Scoto*, comme de juste. S'ils ont envie de le déposer, que ce ne soit pas du moins pour me mettre à sa place. Si j'avais le choix, j'aimerais mieux être le comte de Warwick que tous les *rois* que ce seigneur a faits. Je regarde Jeffrey et Gifford comme les faiseurs de monarques en vers et en prose, Le *British critic*, dans un article sur Rokeby, a émis une comparaison, à laquelle je suis sûr que mes amis n'ont jamais pensé ; et il est peu judicieux de la part des sujets de W. Scott de condescendre à la combattre. J'aime l'homme et j'admire ses œuvres jusqu'au point que M. Braham appelle *Entusymusy*.

Tout ce bavardage ne peut que le vexer et ne me fait à moi aucun bien. Beaucoup de personnes détestent ses principes politiques (je hais toute politique), et dans ce pays-ci, les principes politiques d'un homme sont comme l'*âme* grecque un εἴδωλον, outre Dieu sait quelle *autre âme* ; mais, dans l'estime des hommes, les deux marchent ordinairement de front.

Harry ne m'a point amené ma petite cousine ; je voudrais que nous puissions aller ensemble au spectacle ; elle n'y a été qu'une fois. — Encore un billet de Jersey ; il m'invite avec Rogers pour le 23. — Il faut que je voie mon agent ce soir. Quand donc cette affaire de Newstead finira-t-elle ? Il m'en a coûté plus que des mots pour renoncer à cette terre et pour y *avoir* renoncé ! Mais qu'importe ce que je fais, et ce que je deviens ! Il faut que je me rappelle le dire de Job, et que je me console par la pensée que je suis « en vie ».

Je voudrais pouvoir me remettre à lire ! Ma vie est monotone, et pourtant décousue ; je prends des livres et je les rejette. J'ai commencé une comédie, et je l'ai brûlée parce que les scènes se rapprochaient malgré moi de la *réalité* ; j'en ai fait autant d'un roman, et par la même raison. Dans mes vers, je puis me tenir plus loin des faits ; mais la même pensée les domine... oui, toujours elle perce au travers, et reparaît. J'ai reçu une lettre de lady Melbourne, la meilleure amie que j'aie jamais eue, et la plus spirituelle des femmes...

Pas un mot de *** ; ont-ils quitté *** ? ou ma dernière précieuse épître serait-elle tombée dans la gueule du lion ? S'il en était ainsi, et ce silence est de mauvais augure, il me faudrait reprendre mon « morion rouillé » et mettre « la lance en arrêt ». Je ne me suis pas exercé de longtemps, mais je ne recommencerai pas un cours chez Manton [1]. D'ailleurs,

1. Célèbre armurier.

je ne voudrais point *lui* rendre un coup. Je fus jadis un célèbre tireur, habile à fendre une pièce en deux ; mais alors les rodomonts de la société rendaient cette adresse nécessaire. Depuis que j'ai commencé à sentir que j'avais une mauvaise cause à défendre, j'ai négligé cet exercice.

Quelles étonnantes nouvelles de Bonaparte ! de cet Anakim de l'anarchie ! Depuis que j'ai défendu le buste que j'avais de lui à Harrowo, contre les bas complaisants du pouvoir (c'était en 1803, lorsque la guerre éclata), j'en ai fait mon héros, sur le continent s'entend ; car je ne veux pas de lui ici. Cependant je n'aime pas ces départs qui ressemblent à des fuites : sa désertion de son armée, etc., etc. A l'école, quand je me battis pour son buste, je pensais peu qu'un jour il s'abandonnerait lui-même. Après tout, je ne m'étonnerais pas qu'il finît par les étriller. Etre battu par des hommes, c'est encore quelque chose, mais par trois vieilles dynasties, par ces souverains de race légitime ! oh ! miséricorde ! miséricorde ! Il faut, comme le dit Cobbett, que cela vienne de son alliance avec la lignée autrichienne, aux lèvres épaisses et au cerveau de plomb. Il eut mieux fait de *s'en tenir* à celle qu'*entretenait* Barras. Jamais, que je sache, on n'a vu une jeune femme et un mariage légitime porter bonheur qu'à des hommes phlegmatiques, qui vivent de poisson et ne boivent point de vin. N'avait-il pas tout l'Opéra, tout Paris, toute la France ? Mais une maîtresse est juste aussi embarrassante, c'est-à-dire, quand on n'en a qu'*une*. Si l'on en a deux ou plusieurs, la division les rend traitables.

J'ai commencé, ou plutôt j'avais commencé une chanson, mais je l'ai jetée au feu. C'était en mémoire de Marie Duff, ma première flamme, à un âge où peu d'hommes commencent à brûler. Je ne sais ce que diable j'ai, mais je ne puis m'appliquer à rien ! Heureusement qu'il n'y a rien à faire. Il a été en mon pouvoir, depuis peu, de mettre deux personnes et leurs familles à l'aise *pro tempore*, et d'en rendre un heureux *ex tempore*. Je me réjouis surtout de la dernière circonstance, parce quelle touche un homme excellent. Je voudrais seulement que la chose eût été plus difficile, et moins satisfaisante pour mon amour-propre, car alors il y aurait eu plus de mérite. Nous sommes tous égoïstes ! et je crois en vous, dieux d'Epicure !

Je crois en La Rochefoucauld sur les hommes, et en Lucrèce (mais non traduit par Busby) pour ce qui vous regarde. Votre poète a fait de vous de très nonchalantes et bienheureuses déités ; mais comme il nous a dispensés de la damnation éternelle, je ne vous envie pas *beaucoup* votre bonheur ; un peu, cependant. Je me souviens que *** me dit, l'année dernière, à *** : « N'avons-nous pas passé ce mois-ci comme les dieux de Lucrèce ? » et c'était vrai. Elle connaît à fond le texte de l'original (que j'aime aussi) et le comprend bien. Lorsque ce sot de Busby fit paraître le prospectus de sa traduction, elle souscrivit ; mais le diable ayant poussé Busby à ajouter un échantillon de son savoir-faire, elle lui écrivit qu'après l'avoir lu sa conscience ne lui permettait pas de laisser son nom figurer sur la liste des souscripteurs.

J'ai passé la soirée d'hier chez lord H... ; Mackintosh et Puységur y étaient. Je tâchais de me rappeler une citation sur l'architecture, faite, je crois, par madame de Staël, et tirée de quelque sophiste teutonique. « L'architecture », dit ce Mocoronico tédescho, « me rappelle la musique gelée. » C'est quelque part, mais où ? Le démon de la perplexité doit le savoir, et ne veut pas le dire. Je demandai à M. ; il me répondit que ce n'était pas de madame de Staël ; mais Puységur dit que si, que ce devait être d'elle, parce que c'était trop dans *son genre*...

H... rit, comme il le fait toujours quand il est question de « l'Allemagne » ; mais là-dessus je trouve qu'il va trop loin. On dit que B. en parle aussi avec dédain. Il y a, cependant, de fort beaux passages. Et après tout, qu'est-ce qu'un livre (je n'en excepte aucun), sinon un désert où, dans un jour de marche, on rencontre çà et là quelques sources et peut-être un ou deux bocages ? Sans doute, il arrive souvent que, dans madame de Staël, ce que nous avions pris pour le frais ruisseau après lequel nous soupirions, se trouve n'être qu'un *mirage* (verbiage) ; mais en le suivant toujours, nous atteignons à la fin quelque chose qui ressemble au temple de Jupiter Ammon et alors le souvenir du désert que nous avons traversé ne fait qu'ajouter aux beautés du contraste.

. . . .

J'ai été chez C***, afin d'expliquer notre malentendu. Elle est vraiment très belle, du moins à mon goût. Je me rapelle qu'à mon retour des pays étrangers, c'était la seule femme que je pusse regarder ; toutes les autres étaient si fades, si insignifiantes, si blondes ! son teint un peu brun, et ses traits réguliers me rappelaient ma « Jannat-al-Aden ». Mais cette impression s'usa bientôt ; et maintenant je puis regarder une belle femme, sans soupirer après une Houri. C*** était de fort bonne humeur, et tout s'est expliqué le mieux du monde.

Aujourd'hui grande nouvelle ! — « Les Hollandais ont pris la Hollande ». Ce qui amènera, je suppose, une explosion générale sur les bords de la Tamise. Cinq provinces se sont déclarées pour le jeune Stathouder ; il y aura donc inondation, conflagration, consternation et batailles de nation à nation, s'exerçant de toutes leurs forces, bien qu'enfoncées jusqu'aux genoux dans les damnés marécages du domaine dévolu aux feux follets et aux rustres. On dit que Bernadotte est parmi eux ; Orange ne tardera pas à y être aussi : et alors le prince Cigogne et le roi Soliveau seront en même temps dans la grenouillère. Deux contre un pour la nouvelle dynastie !

M. Murray m'a offert mille guinées du

Giaour et de *La Fiancée d'Abydos*. Je n'en veux pas ; c'est trop ; quoique je sois fortement tenté d'accepter, rien que pour le crédit et l'honneur de la chose. Ce n'est pas mal payer une quinzaine employée à... quoi ? Les dieux le savent ; l'intention était que ce fût de la poésie.

J'ai dîné aujourd'hui pour la première fois depuis dimanche dernier, et c'est encore aujourd'hui dimanche. Toute la semaine rien que du thé et des biscuits secs ; six *per diem* : Et plût au ciel que je n'eusse pas dîné encore ! Je suis abîmé de pesanteur, de stupeur et de mauvais rêves ; cependant je n'ai pris que du poisson et une vingtaine de bouchées. Jamais je ne mange de viande, et très rarement de légumes. Je me voudrais à la campagne pour faire de l'exercice, au lieu d'être forcé de me rafaîchir par l'abstinence. Une légère augmentation d'embonpoint ne m'inquièterait pas ; mes os la supporteraient fort bien. Malheureusement, le diable me talonnerait de nouveau ; je ne puis le chasser que par famine, et je ne veux être l'esclave d'aucun appétit. Si je m'égare, du moins sera-ce mon cœur qui me fraiera la route. Oh ! ma tête ! qu'elle me fait de mal! toutes les horreurs de la digestion!

Je m'étonne comment Bonaparte digère son dîner.

Mem. Ecrire demain à « maître Shallow », qui me doit mille livres et qui, d'après sa lettre, semble avoir peur que je les lui redemande. « Comme si j'y songeais ! D'abord, je n'en ai pas besoin, du moins pour le moment, et, quoiqu'une pareille somme m'ait souvent fait faute, je n'ài de ma vie demandé le remboursement de dix louis à un ami : puis son obligation n'échoit pas cette année, et je lui ai déjà dit que, même quand cela serait, je ne le presserais pas. Combien de fois faut-il donc lui dire la même chose ?

Je me trompe ; il m'est une fois arrivé de demander un remboursement à *** ; mais c'était dans des circonstances qui m'excusaient près de lui, et qui m'eussent excusé près de tout le monde. Du reste, je n'avais pris ni intérêts, ni garanties, il me paya promptement, ou plutôt son *padre*. Aïe ! aïe ! ma tête ! Je crois qu'elle ne m'a été donnée que pour me faire souffrir.

Bon soir.

22 *novembre.*

Orange Boven[1] ! ainsi les abeilles ont chassé l'ours qui avait forcé leurs ruches ! Bien ! si nous devons avoir de nouveaux De Witt, et de nouveaux Ruyter, que Dieu protège la petite république ! J'aimerais à voir La Haye, et le village de Broeck où ils ont conservé leurs habitudes et leurs mœurs primitives. Et cependant, je ne sais : leurs canaux doivent faire une pauvre figure à côté du souvenir du Bosphore, et le Zuyderzée aurait mauvaise grâce après. « Ah Degnity ». N'importe ! ces gens bourgeois, soufflant des bouffées de liberté dans leurs courtes pipes, valent bien la peine qu'on aille les voir : quoique je préfère un cigare, ou un *houka*, avec le doux mélange des feuilles de rose et de l'herbe suave du Levant. Je ne sais ce qu'on entend par Liberté, ne l'ayant jamais vue ; mais ce que je sais bien, c'est que dans tous les coins de la terre, la richesse est le pouvoir. Or, comme en Orient un schelling représente

1. Vive Orange.

une guinée (sans compter qu'on a le soleil, le ciel et la beauté pour rien) c'est là le pays par excellence. Que je porte envie à Hérode Atticus ! bien plus qu'à Pomponius. Et pourtant, un peu de *tumulte*, de temps en temps, ravive et aiguise agréablement les sensations : comme une révolution, par exemple, une bataille, ou toute autre aventure d'un genre aussi animé. Je crois que j'aurais mieux aimé être Bonneval, Riperda, Alberoni, Hayreddin, Horne, Barberousse, et jusqu'à Wortley Montague, que Mahomet lui-même.

Rogers sera bientôt en ville. Notre visite à Middleton est fixée au 23. Irai-je... Eh !... Dans une île, où l'on ne saurait faire une promenade à cheval sans se trouver tout de suite nez à nez avec la mer, peu importe de quel côté l'on va.. . . . .

Je me rappelle l'effet que produisit sur moi le premier article de la *Revue d'Edimbourg*. J'en entendais parler depuis six semaines. Le jour de son apparition, je le lus, et ensuite je dînai et bus trois bouteilles de Bordeaux avec S. B. Davies ; je n'en mangeai et n'en dormis pas moins ; et cependant je ne fus à mon aise qu'après avoir exhalé ma colère et mes rimes dans les mêmes pages, contre toute chose, et contre tout le monde. Comme à George, dans le *Vicaire de Wakefield*, « le sort de mes paradoxes » ne me permettait de reconnaître aucun mérite dans autrui. Je ne me rappelais que la maxime de mon maître à boxer dont j'avais trouvé l'application d'une grande utilité dans toutes les querelles générales. « Quiconque n'est pas pour vous, est contre vous ; faites donc le moulinet, et frappez à droite et à gauche. » Précisément ce que je fis ; comme Ismaël, ma main fut dirigée contre tous, et tous se levèrent contre moi. Je fus certainement surpris de mon succès ; et « émerveillé que tant d'esprit m'appartînt », comme disait ironiquement Hobhouse en parlant de quelqu'un, peut-être de moi, car nous sommes d'anciens amis. Si c'était à recommencer, je ne le ferais pas. J'ai relu depuis ce qui avait donné lieu à ma satire, et, en vérité, l'effet n'était point proportionné à la cause. C*** m'a dit qu'on croyait que, dans un de mes vers [1], j'avais voulu faire allusion à la maladie de nerfs de lord Carlisle. Je rends grâce au ciel d'avoir ignoré cette

1. Probablement celui-ci : *The paralytic of Carlisle.*

maladie ; et quand je l'aurais sue, je n'aurais pu, ni voulu faire une telle allusion. Je suis de tous les hommes celui qui doit naturellement le moins s'égayer aux dépens des défauts personnels ou des maladies d'autrui.

Rogers est silencieux et passe pour sévère. Quand il parle, il parle bien ; et sur tous les sujets de goût s'énonce avec une délicatesse qui égale la pureté de sa poésie. Si vous entrez dans sa maison, son salon, sa bibliothèque, tout vous annonce que ce n'est point la demeure d'un esprit vulgaire. Il n'y a pas un bijou, une médaille, un livre jeté négligemment sur sa cheminée, un sofa, une table, qui ne révèlent l'élégance presque fastidieuse du propriétaire. Mais cette extrême délicatesse doit faire le tourment de son existence. Oh ! que de fatigues et de discordances il a dû endurer dans sa vie !

J'ai peu vu Southey. Toute sa personne est *épique* ; et c'est le seul homme existant qui soit complètement homme de lettres. Tous les autres ont quelque préoccupation à part de leur métier d'auteur. Ses manières, sans être précisément celles d'un homme du monde, sont pleines d'aménité, et ses talents, du premier ordre. Sa prose est parfaite. Sur sa poésie, les jugements varient beaucoup. Il en a peut-être trop fait pour la génération actuelle : la postérité fera son choix. Il y a quelques passages qui peuvent rivaliser avec tout. Maintenant il a un *parti*, mais point de *public*, excepté pour ses ouvrages en prose. Sa *Vie de Nelson* est une belle chose.

*** est un *littérateur*, l'oracle des coteries, de S***, de lady W. (la vierge Tory de Sydney Smith), de Mrs Wimot (elle, du moins, est un cygne, et pourrait fréquenter un ruisseau plus pur), de lady B** et de tous les bas bleus, avec lady C*** à leur tête ; mais je ne dis rien de celle-là : regardez-la en face, et vous oublierez tout le reste. Oh ! quelle figure ! Par « *te, Deva potens Cypri* », pour être aimé de cette femme, je bâtirais et brûlerais une autre Troie ! « M*** a de l'individualité dans son talent, ou plutôt dans ses talents ; — sa poésie, sa musique, sa *voix*, ne sont qu'à lui : et il y a dans toutes une expression qu'aucun autre n'a possédée et ne possédera jamais. Mais comme poète, il peut prendre un essor encore plus haut. Que de saillies, de gaîté, de tout, enfin, dans le Post Bag ! Il n'y a rien que M*** ne soit en état de faire, dès qu'il veut sérieusement s'en occuper. Ses manières sont celles de la meilleure compagnie ; il est affable, doux et plus aimable qu'aucun homme que je connaisse. Quant à ses principes d'honneur et d'indépendance, sa conduite envers *** les proclame à son de trompe. Je ne lui connais qu'un seul tort, dont je m'afflige tous les jours, c'est de ne pas être ici.

Ward (aujourd'hui lord Dudley) : j'aime Ward. Par Mahomet ! je crois que je commence à aimer tout le monde : — c'est un penchant qu'il ne faut pas encourager ; une espèce de gloutonnerie sociale qui fait avaler tout ce qui se présente : malgré tout j'aime Ward. Il est piquant, et mon avis est qu'il prendra un rang très haut dans la Chambre et partout ailleurs, du moins s'il a de la tenue. A propos, je dîne chez lui demain; ce qui peut bien influer sur mon opinion. Autant vaut ne pas se fier à la reconnaissance *après* le dîner. Plus d'une fois j'ai entendu des convives décrier leur hôte, les lèvres encore humectées de son vin de Bourgogne.

Holland ne croit pas que l'homme *soit Junius* ; mais il pense que le journal, encore inédit, répand beaucoup de clarté sur les points obscurs de cette partie du règne de Georges II. De quelle importance cela est-il, sous le règne de Georges III ? Je ne sais qu'en penser. Pourquoi Junius serait-il déjà mort ? Et quand il eût été frappé d'apoplexie, aurait-il pu reposer en paix dans sa tombe sans envoyer son ειδωλον crier aux oreilles de la postérité : « Junius était X. Y. Z. écuyer, enterré dans la paroisse de *** ? Marguilliers, respectez et réparez son monument funèbre ! et vous, libraires, imprimez une nouvelle édition de ses lettres ! » Impossible ! il faut que l'homme soit vivant, et il ne saurait mourir sans vendre son secret. Je l'aime ; il savait bien haïr !

Je suis revenu chez moi mal à l'aise, et me couche moins disposé à dormir que je ne voudrais.

Mardi matin.

Je me suis réveillé, après un rêve. — Eh bien ! d'autres n'ont-ils pas rêvé aussi ? Et quel rêve ! Mais elle n'a pu m'atteindre. Les morts ne peuvent-ils donc reposer en paix ! Oh !... comme mon sang s'est glacé — et je ne pouvais m'éveiller — et — ah !...

« Des ombres cette nuit ont frappé l'âme de

Richard de plus de terreurs que n'eût pu lui en causer la substance de dix mille soldats, couverts d'acier, et conduits par le traître***. »

Je n'aime pas ce rêve ! j'en déteste la conclusion, depuis long-temps passée. Me laisserai-je donc épouvanter par des ombres ? Ah ! quand elles nous rappellent — N'importe ! — Mais, si je rêve encore ainsi, j'essaierai si l'autre sommeil, le plus profond de tous, a les mêmes visions. Depuis que je me suis levé, j'ai été assailli de souffrances très aiguës. Enfin, elles ont passé, et me voilà, comme lord Ogleby, *remonté* pour la journée.

Un billet de Mount-Morris ; je dîne chez Ward : Canning doit y être, Frère, Sharpe et peut-être Gifford. Je dois être l'un des cinq, ou plutôt l'un des six élus, comme lady *** l'a dit hier par moquerie ; du reste, ils sont tous bons à rencontrer, surtout Canning et Ward, quand il veut. Je voudrais être assez bien pour écouter discourir ces intelligences.

Point de lettres aujourd'hui : tant mieux ; je n'aurai pas la peine de répondre. Il ne faut pas que je rêve de nouveau ; cela gâte jusqu'à la réalité. Je vais sortir, et voir quel service me rendra le brouillard. Jackson est venu ; le monde des boxeurs va toujours à peu près le même train ; mais le club augmente. Demain, je dînerai chez Cribb ; j'aime l'énergie — même l'énergie animale, l'énergie en tout genre. J'en ai besoin moralement et physiquement. Depuis longtemps je n'ai pas dîné dehors ; à peine ai-je dîné du tout. Je n'ai point entendu de musique ; je n'ai vu personne. A présent, l'heure est venue de plonger au plus fort de la mêlée, dans la vie haute et basse. « *Amant alterna Camenæ* ».

J'ai brûlé mon roman, ainsi que l'ébauche et les premières scènes de ma comédie, et je trouve qu'il y a tout autant de plaisir à brûler ses œuvres qu'à les faire imprimer. Je ne pouvais continuer aucun de ces deux ouvrages ; je revenais plus que jamais aux *réalités*, et les unes auraient été reconnues, les autres devinées.

Je viens de lire le *Ruminateur* ; c'est une collection d'Essais faite par un vieillard original, mais non sans talent, et par un jeune homme à demi-fou, auteur d'un poème sur les montagnes d'Écosse, intitulé *Childe-Alarique*. Le mot sensibilité, que j'ai en aversion, revient mille fois dans ces Essais, et semble devoir servir d'excuse à toute sorte de mécontentement. Ce jeune homme ne peut encore rien savoir de la vie et, s'il cultive le penchant qui domine dans ses écrits, il deviendra inutile, peut-être pas même poète. Que Dieu lui soit en aide ! Tout homme qui se sent capable de faire quelque chose de mieux, ne devrait pas se mêler de rimer ; et c'est pitié de voir Scott, Moore, Campbell et Rogers qui, tous, auraient pu être moteurs et chefs, se borner au rôle de simples spectateurs : car bien qu'ils puissent avoir d'autres vocations ostensibles, elles sont annulées et mises à la suite de la plus entraînante de toutes. *** aussi, perd son temps avec des douairières et des filles à marier. Si c'était pour quelque affaire *sérieuse*, encore, passe ; mais avec des jeunes filles, c'est une spéculation hasardeuse, et fatigante aussi ; et avec les douairières, ce n'est pas la peine d'essayer, excepté peut-être pour une sur mille.

Si j'avais formé quelques vues sur ce pays, c'eût été, selon toute apparence, du côté du parlement. Mais je n'ai point d'ambition, et si j'en avais, ce serait *aut Cæsar, aut nihil.* Mes espérances se bornent à arranger mes affaires, et à me fixer, soit en Italie, soit dans l'Orient, pour puiser à longs traits dans les langues et la littérature de ces deux pays.

Les événements passés m'ont énervé, et tout ce que je puis maintenant, c'est de traiter la vie comme un amusement, et de regarder ceux qui tiennent les dés ou les cartes. Qu'est-ce après tout que le plus grand des jeux, celui des sceptres et des couronnes ? *Vide* les derniers douze mois de Napoléon. Ils ont entièrement renversé mon système de fatalisme. J'avais pensé qu'une fois écrasé il tomberait, lorsque *fractus illabatur orbis* et non qu'il se laisserait rogner et réduire peu à peu jusqu'à l'insignifiance. Je croyais que tout cela n'était pas un simple *passe-temps* des dieux, mais le prélude de plus grands changements et d'événements plus imposants. Mais les hommes n'avancent jamais au-delà d'un certain point ; et nous voici, rétrogradant vers le stupide et déplorable vieux système ; la balance de l'Europe ; occupés à mettre des brins de paille en équilibre sur le nez des rois, au lieu de les leur arracher ! Donnez-moi une république, ou le despotisme d'un seul, plutôt que ces gouvernements mixtes d'un, deux, trois. Une république ! lisez l'histoire du monde. Voyez Rome, la Grèce, Venise, la France, la Hollande, l'Amérique ; voyez notre république si courte (hélas !) dans sa durée, et comparez ce que les peuples ont fait alors à ce qu'ils firent sous des maîtres ! Les Asiatiques ne sont pas propres à être républicains ; mais ils sont libres de se défaire de leurs tyrans, ce qui est le second degré de la liberté. Etre le premier homme de son pays, non le dictateur, non le Sylla, mais le Washington ou l'Aristide ; le chef, en talent et en vérité, c'est venir après Dieu. Franklin, Penn, et à leur suite Brutus ou Cassius, même Mirabeau ou Saint-Just. Moi, je ne serai jamais rien, ou plutôt je serai toujours rien. Tout ce que je puis espérer, c'est que quelqu'un dise : « Il aurait pu, peut-être, s'il avait voulu. »

Le 12, minuit.

Voilà deux maudites épreuves de chez l'imprimeur ; j'ai parcouru l'une, mais, pour sauver mon âme, je ne saurais encore relire ce *Giaour* ; du moins pas à présent... pas à cette heure !... et pourtant la lune ne brille pas.

Ward parle d'aller en Hollande ; nous avons presque formé le projet d'y faire une excursion ensemble. Il faut que ce soit dans dix jours au plus tard, si nous souhaitons assister à la Révolution. Et pourquoi n'irai-je pas ? *** est absente, et sera plus loin encore jusqu'au printemps. Personne autre, excepté Augusta, ne se soucie de moi. Point de lien ; point d'entraves. *Andiamo dunque — se torniano — bene — se non ; ch'importa !* Le vieux Guillaume d'Orange parlait de mourir dans le « dernier fossé » de son pays aquatique. Il est heureux que je sache nager, sans quoi je risquerais de n'en pas franchir le premier. Voyons ! récapitulons un peu ! J'ai entendu les cris des hyènes et des chacals dans les ruines de l'Asie, et le coassement des grenouilles dans les marais, — sans compter les hurlements des loups et des musulmans en colère. — Aujourd'hui, j'aimerais à entendre les acclamations d'un Hollandais libre ! « Alla ! viva ! for ever ! hourra ! Huzza ! Lequel de tous ces cris est le plus raisonnable ou le plus harmonieux ? Orange Boven ! selon le *Morning Post.*

Mercredi 24.

Cette nuit je n'ai rêvé ni des morts, ni des vivants. Aussi suis-je ferme comme le marbre, solide comme le roc ; jusqu'au prochain tremblement de terre.

Le dîner de Ward s'est fort bien passé. Il n'y avait pas une seule personne désagréable, à moins que je n'aie, *moi*, offensé quelqu'un ; ce qui n'a toujours pas pu être en les contredisant, car j'ai peu parlé, et ne me suis opposé à rien. Sharpe (homme d'un esprit élégant et cultivé, qui a beaucoup vécu avec les premiers personnages de son époque, Fox, Horne, Tooke, Windham, Fitz-Patrick, et tous les agitateurs d'autrefois et les *langues* de feu d'alors) nous a raconté les particularités de sa dernière entrevue avec Windham, peu de jours avant la fatale opération qui « fit prendre à cette âme généreuse son vol vers les cieux ». Windham, le premier dans une des plus hautes branches de l'éloquence et du talent, dont le seul défaut était de s'élever au-dessus de l'intelligence de la moitié de ses auditeurs ; Windham qui, pendant une moitié de sa vie, prit une part si active aux événements de la terre, qui fut un de ceux qui gouvernent les nations ; *lui*, cet homme, regrettait, et avec une sorte d'amertume, de ne pas s'être entièrement dévoué à la littérature et aux sciences ! ! ! Son esprit certainement l'aurait élevé au premier rang, là comme ailleurs ; mais je ne puis comprendre la débilité d'âme qui a pu lui faire naître un semblable regret. Moi, qui l'ai entendu, je ne regrette rien que de ne plus l'entendre. Quoi ! Windham aurait voulu être un rêvasseur, pâlissant sur des livres ! un métaphysicien ! peut-être un rimeur ? un méchant barbouilleur de papier ! L'idée d'un pareil échange n'a pu venir que de la maladie. Mais il n'est plus, et « le Temps ne reverra pas son égal ».

Je suis furieusement arriéré dans ma correspondance, excepté avec *** ; et, quand je lui écris, mes pensées sont plus fortes que moi ; — mes paroles ne les enserrent jamais tout entières. C'est à lady Melbourne que j'écris avec le plus de plaisir ; ses réponses sont si spirituelles, si pleines de sens, de *tactique*. Je n'ai jamais rencontré la moitié de tant de talent. Si cette femme eût été plus jeune de quelques années et qu'elle eut voulu s'en donner la peine, quel fou elle eût pu faire de moi ! et j'y aurais perdu l'amie la plus agréable et la plus précieuse.

Mem. Une maîtresse n'est et ne peut jamais être une amie. Tant qu'on s'arrange bien ensemble, on est amants ; et, quand c'est fini, on n'est rien moins qu'amis.

Je n'ai pas encore répondu à la dernière lettre de W. Scott, mais j'y répondrai. Je suis fâché d'apprendre par les on-dit, qu'il éprouve depuis peu des embarras pécuniaires. Il est incontestablement le monarque du Parnasse, et le plus *Anglais* de tous les bardes. Je placerais après lui Rogers sur la liste des vivants (j'estime d'autant plus celui-ci qu'il est le dernier de la *meilleure* école) Moore et Campbell en *troisième* ; puis Southey, Wordsworth et Coleridge. Le reste, οιπολλοι ainsi :

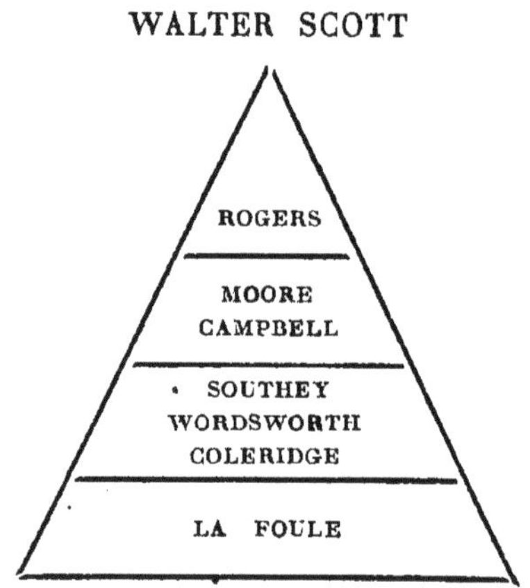

Voilà un *Gradus ad Parnassum* triangulaire! Les noms sont trop nombreux pour la base du triangle. Le pauvre Thurlow a perdu l'esprit à propos de la poésie du temps de la reine Bess[1]; c'est dommage. J'ai classé les noms sur mon triangle, plutôt d'après ce que je crois être l'opinion populaire que d'après mon propre jugement. Car, selon moi, quelques-unes des dernières étincelles d'*Erin*, par Moore, « comme un rayon tremblant sur la face des eaux » — « quand celui qui t'adore » — « oh ! ne censure pas, » etc., valent tous les poèmes épiques qui aient été composés. *** pense que la *Quarterly* m'attaquera bientôt. Qu'elle en fasse à son gré. J'ai été si bien traité, de mon temps, de toutes façons, que pour que je le sente à présent, il faut que ce soit du poivre de Cayenne ou de l'aloès. Je puis dire avec sincérité que je ne suis plus très sensible à la critique. Mais en remontant à l'origine, je crois que cela vient de ce que j'attache au titre d'auteur moins d'importance que beaucoup d'autres, et moins que je n'en attachais, lorsque j'étais plus jeune. « On s'ennuie de tout, mon ange », dit Valmont. Les « anges » sont les seules choses desquelles je ne sois pas un peu las. Je regarde la préférence qu'on donne à ceux qui écrivent

1. Élisabeth.

sur ceux qui agissent, et tout ce grand bruit que font sur l'écriture les scribes et les auteurs eux-mêmes, et d'autres, comme un signe de dégénérescence et de faiblesse. Qui donc voudrait écrire, s'il pouvait faire mieux ? « L'action — l'action — l'action ! » s'écriait Démosthène ; moi je dis « des actions, des actions et point d'écrits, surtout point de rimes ». Voyez la vie querelleuse, aigre et monotone des hommes de génie ; — excepté Cervantès, le Tasse, le Dante, l'Arioste, Kleist (qui étaient des citoyens braves et actifs) Eschyle, Sophocle, et quelques autres anciens, quelle race fut jamais plus inutile et plus oisive !

12 *mezza notte.*

Je viens de dîner avec Jackson (l'empereur du pugilat) et un autre héros de la bande, chez Tom Cribb, l'ancien champion. J'ai bu plus que je n'aurais voulu ; au moins trois bouteilles de vin rouge, fort bon et naturel, car je n'ai point mal à la tête. On a fait monter Tom après le dîner ; il a été très amusant, quoiqu'un peu prolixe. Il n'est pas content de sa position et voudrait recommencer à boxer. Que Pollux ou Castor exauce ses vœux ! Tom a été matelot, porteur de charbon, et a exercé encore quelque autre profession distinguée, avant de s'adonner aux combats du ceste ; il a assisté à une action sur mer, et n'a pas trente-trois ans. Aujourd'hui, c'est presque un grand homme ! Il a femme et maîtresse, et cause bien, sauf quelques erreurs de langue, omissions, et mésapplications des lettres aspirées. Tom est un de mes vieux amis ; pendant ma minorité, j'assistai à quelques-unes de ses plus belles prouesses. Il est maintenant publicain, et je crains pécheur ; car il fait une pension à sa femme ; et la fille de *** vit avec le vaillant champion ; ce que je tiens de ***. Car Tom, ayant une haute idée de ma moralité, l'a fait passer pour sa légitime épouse. En me parlant d'elle, il avait dit qu'elle était la « plus fidèle des femmes », d'où j'avais aussitôt conclu qu'elle ne pouvait être la sienne : et en effet, tous ces panégyriques appartiennent rarement au mariage : car si c'est vérité, un homme juge inutile de le dire et, si c'est faux, ce qu'il peut faire de mieux, c'est de se taire. *** et *** sont les seuls hommes que j'aie entendus vanter la vertu de leurs femmes. Je les écoutai tous les deux avec infiniment de crédulité et de patience, et enfonçai mon mouchoir de poche dans ma bouche, quand l'envie de bâiller devint irrésistible. Mais voilà que je bâille maintenant ; ainsi, bonsoir ! Νοαιρον ».

Jeudi, 26 *novembre*.

Je me suis éveillé avec un peu de fièvre, mais sans mal de tête ; point de rêves non plus, grâces à la stupeur ! J'ai reçu deux lettres, l'une de ***, l'autre de lady Melbourne. Toutes deux excellentes dans leur genre. Celle de *** renferme de fort jolis vers lyriques sur des « peines secrètes » ; s'ils ne sont pas d'elle, ils en ont l'air. Pourquoi ne me dit-elle pas si les stances sont ou non de sa composition ? Je ne sais si je le désire, car je ne fais pas grande estime des poètes, surtout des femmes ; elles ont trop d'idéal en pratique aussi bien qu'en morale.

Dernièrement j'ai beaucoup pensé à Marie Duff, etc.

Lord Holland m'a invité à dîner pour aujourd'hui ; mais trois dîners de suite me tueraient. Ainsi, sans avoir rien mangé du tout depuis hier, je me suis rendu à ma loge à Covent-Garden. — Vu *** qui me paraît très jolie, quoique d'un genre de beauté tout différent des deux autres. Elle a les plus beaux yeux du monde, avec lesquels elle a la prétention de n'y *pas* voir, et les plus longs cils que j'aie jamais vus depuis ceux de Leila, et les rideaux de la lumière, si soyeux, de la musulmane Phannio. Elle est belle, mais je la crois méchante.

J'ai passé mon temps à réfléchir aux douleurs de la séparation. Combien peu, hélas ! voyons-nous ceux que nous aimons ! Mais nous vivons des siècles, par minutes, *une fois réunis*. La seule chose qui me console de l'absence, c'est la pensée qu'elle empêche qu'aucune diminution d'affection, aucun éloignement personnel, ne puissent naître de l'ennui, ou de quelque désaccord. Et quand on se retrouve ensuite, malgré les nombreux changements que le temps a pu amener (à moins qu'on ne soit déjà las l'un de l'autre), on est disposé à se rapprocher, et à ne pas s'en vouloir des circonstances qui ont pu séparer.

Samedi 27.

Je crois, ou plutôt je *doute*, ce qui est le *nec plus ultra* de la foi humaine.

Tout est arrangé pour le voyage de Hollande, et rien n'empêchera qu'il n'ait lieu, à moins pourtant qu'il ne survienne un rhume, ou un caprice à mon compagnon de voyage. La voiture est commandée, les fonds prêts, et probablement un vent favorable par-dessus le marché. N'importe, je crois, avec Clym-o'-Clow, ou avec Robin hood, « par notre Marie, nom chéri, qui est à la fois mère et mai ! je crois que ce ne fut jamais le lot d'un homme de mourir avant que son heure fût venue ». Ainsi, va pour Helvotsluys !

Ce soir, j'ai été avec le jeune Henry Fox voir *Nouyahad*, drame que le *Morning Post* a mis à ma charge et dont je ne puis pas même deviner l'auteur. Je m'étonne de ce qu'ils comptent m'infliger après ? ils ne peuvent guère descendre plus bas qu'un mélodrame, quoique cela vaille pourtant mieux qu'une satire (du moins, une satire personnelle), de laquelle je suis bien et dûment convaincu ; en expiation de quoi j'ai résolu de subir silencieusement, et sans faire seulement mine de contredire, toutes les critiques, injures, et même louanges, qui peuvent s'attacher à de mauvaises pantomimes qui ne furent jamais composées par moi. Je suppose que l'origine de ce bruit est le prêt que j'ai fait au directeur de mes dessins turcs pour les costumes. Les dessins à la bonne heure, mais le nom, c'est autre chose ! Comme la pièce a réussi, je pense que le véritable auteur ne tardera pas à se faire connaître : sinon, que Job soit mon modèle, et l'eau du Léthé mon breuvage !

*** a reçu le portrait en bon état et, en réponse, la seule remarque qu'elle fasse, c'est « qu'il est ressemblant. Oh ! mais si ressemblant ! » Pour elle, la ressemblance couvre une multitude de défauts ; car je sais que ce portrait n'est pas flatté ; qu'il est triste, sévère, sombre, comme l'était mon âme, au mois de juillet, quand je posais pour le peintre. Tous les autres qu'on a faits de moi sont comme la plupart des portraits, plus agréables que l'original.

Lu l'article de la *Revue d'Edimbourg* sur

Rogers. Il y est placé haut, mais comme il le mérite. Il y a un aperçu sommaire de nous tous ; de *Moore* et *moi*, entre autres : nous sommes tous deux loués (le premier avec *justice)*, quoiqu'on nous classe implicitement, et avec raison, au-dessus de notre estimable ami. Mackintosh est l'auteur de l'article, ainsi que de la critique sur Mme de Staël. Son grand essai sur Burke est, dit-on, pour le prochain numéro. Je ne connais guère la *Revue d'Edimbourg*, ni même aucune autre Revue, que d'après le bruit public ; et depuis longtemps j'ai cessé... En vérité, je ne saurais me plaindre d'aucune, quand même j'attacherais à la poésie en général, et à mes vers en particulier, une importance plus grande que je ne le fais réellement. *Me* sortir de *moi-même* (oh ! ce maudit égoïsme !) a toujours été mon unique, mon entier, mon sincère motif pour écrire du tout ; et en publiant, je poursuis encore le même but, à cause du mouvement imprimé à l'esprit, et qui l'empêche de se replier sur lui-même. Si je faisais cas de la gloire, je flatterais les idées reçues, qui ont pris de la force par le temps, et qui vivront encore plus que tous les écrits de nos jours qui leur sont opposés. Mais, sur mon âme, je ne puis ni ne veux donner le démenti à mes propres pensées, ni à mes doutes, advienne que pourra. Si je suis un fou, au moins suis-je un fou qui doute ; et je n'envie à personne la certitude de sa sagesse, basée sur sa propre opinion. Tous sont portés à croire ce qu'ils désirent, depuis un billet de loterie jusqu'à un passeport pour le ciel, dans lequel d'après les descriptions qu'on en fait, je ne vois rien de bien tentant. L'inquiétude de mon esprit me dit qu'il y a en moi quelque chose « qui surpasse ce qui se voit ». C'est à celui qui l'a créée à conserver cette étincelle de feu céleste, qui à la fois éclaire et consume sa frêle enveloppe. Pour moi, je ne vois rien d'horrible dans un sommeil sans rêves, et je n'ai pas l'idée d'une existence que la durée infinie ne rendrait pas fatigante. Comment sans cela « les anges seraient-ils tombés » ? même selon votre foi. Ils étaient immortels, célestes, et heureux, comme l'est maintenant leur *apostat Abdiel*, par suite de sa trahison. Le temps en décidera: et l'éternité ne sera ni moins agréable ni plus horrible pour n'avoir pas été prévue. En attendant, je suis reconnaissant d'un peu de bien, et supporte assez patiemment des maux certains ; grâces à Dieu et à mon bon tempérament !

Dimanche 28.

. . . .

Lundi 29.

. . . .

Mardi 30.

Deux jours en blanc dans mon journal : *hiatus, haud deflendus.*

Ils étaient aussi peu dignes de souvenirs que les autres ; et heureusement la paresse ou des visites m'ont empêché de les noter.

Dimanche, j'ai dîné chez lord Holland dans Saint-James Square. Il y avait beaucoup de monde : sir S. Romilly et sa femme, le général Bentham, homme de talent et qu'on dit fort instruit ; Horner, l'un des rédacteurs de la *Revue d'Edimbourg*, excellent orateur de l'honorable Chambre et fort aimable en société, autant que j'ai pu voir.

Sharpe, Phillips de Lancashire, lord John Russell, et d'autres : tous gens d'honneur et de loyauté. La société de Holland est fort bien composée ; on y rencontre toujours quelqu'un qui vaut la peine d'être connu. Je me suis bourré d'esturgeon, et j'ai fait abus de Champagne, et de vin en général, — mais pas au point d'en être incommodé. Quand je fais tant que de dîner, je me gorge de poisson et de légumes, comme un Arabe ou un serpent boa ; mais point de viande. Le régime qui me convient le mieux est toujours le thé, avec des biscuits secs — et encore modérément.

Pourquoi lady Holland fait-elle placer ce diable d'écran entre le feu et le reste de la salle à manger ? Moi qui ne supporte pas mieux le froid qu'une gazelle, et qui n'ai pas encore trouvé un soleil tout à fait à mon goût, j'étais pétrifié, au point de ne pouvoir pas même frissonner. Tous les autres avaient l'air aussi de geler sur place ; on eût dit autant de saumons déballés du milieu des glaçons et servis sur la table encore tout roides. Quand elle se retira, j'examinai la figure des convives ; à mesure que je reculais l'écran, toutes les joues se dégelaient, tous les nez rougissaient, rien que par anticipation de la chaleur.

Samedi, je suis retourné avec Henry Fox à *Nourjahad*, et je crois l'avoir convaincu, par mes bâillements répétés, que la pièce n'est pas de moi. Je voudrais bien que le précieux auteur se nommât et me déchargeât de sa gloire. Les costumes sont jolis, mais point exacts ; excepté le turban et l'oubli d'un petit poignard (si elle fait un rôle de sultane) celui de Mrs Horne est parfait. De ma vie, je n'ai vu une femme turque avec un turban ; et certes personne n'en a jamais vu aucune. Les sultanes portent toujours un petit poignard à la ceinture. Le dialogue est assoupissant, l'action languissante ; les décors sont beaux, les acteurs supportables. Je n'ai pas grand éloge à faire de leur sérail : Thérésa, Phannio, ou *** valaient mieux qu'elles toutes.

Dimanche ; charmant billet de Mackintosh, exemple trop rare de talents éminents et d'un extrême bon cœur. Aujourd'hui mardi, un très joli billet de madame la baronne de Staël-Holstein. Il lui plaît d'être contente de la mention que j'ai faite d'elle et de son dernier ouvrage dans mes notes ; j'ai dit ce que j'en pensais. Ses ouvrages font mes délices, et elle aussi pour... une demi-heure. Je n'aime pas ses opinions politiques, du moins, je n'aime pas qu'elle en ait changé, ; si elle avait été telle *ab incepto*, il n'y aurait rien à dire. Mais, c'est une femme à part : intellectuellement, elle a plus fait que tout le reste de son sexe. Elle aurait dû naître homme. Elle me *flatte* très gracieusement dans son billet : mais je le *sais*. La raison qui fait que l'adulation ne déplaît pas, c'est que, bien que fausse, elle prouve toujours qu'on a assez d'importance soi-même, pour que les gens condescendent à mentir, afin que nous soyons de leur avis : c'est affaire d'intérêt.

Une misérable pointe qui m'est échappée à dîner, chez Mackintosh, devant madame de Staël et autres convives intellectuels fait, dit-on, la fortune de ***. Répétée par une ou deux personnes, elle a passé de bouche en bouche, et s'est enfin fixée sur la tête de *** : qu'elle y reste !

George [1] vient de revenir pour servir à bord d'un autre vaisseau. Il a maigri ; mais il a meilleure mine que je ne m'y attendais. J'aime beaucoup plus George que la plupart

1. Son cousin, lord Byron.

des gens n'aiment leur héritier. C'est un beau garçon ; marin des pieds jusqu'à la tête. Je ferais tout au monde, *sauf d'apostasier*, pour le faire avancer dans son état.

Lewis est venu. Il est bon homme et d'un bon naturel, mais horriblement prolixe, paradoxal, *personnel.* S'il voulait parler moitié moins, et réduire ses visites à une heure, il ajouterait à sa popularité. Comme auteur, il n'a point de fiel ; sa vanité est franche, ouverte, comme celle d'Erskine, et cependant n'a rien d'offensant.

Reçu hier une très jolie lettre d'Annabella. Quelle étrange situation, quelle singulière amitié que la nôtre ! sans une étincelle d'amour ni d'une part ni de l'autre ; résultat de circonstances qui d'ordinaire engendrent d'un côté la froideur, de l'autre l'aversion [1]. C'est vraiment une femme supérieure et très peu gâtée ; chose étrange pour l'héritière d'une grande fortune, une jeune fille de vingt ans, pairesse par droit de naissance, fille unique qui en a toujours fait à sa tête. Poète d'ailleurs, mathématicienne, métaphysicienne

1. Miss A. Milbanke avait été demandée en mariage par lord Byron et elle l'avait refusé.

et cependant avec tout cela, bonne, généreuse, douce, presque sans prétention. La moitié moins de talents acquis, et le dixième des avantages qu'elle tient de la nature, eussent fait tourner toute autre tête.

Mercredi, 1er *décembre* 1813.

Aujourd'hui, répondu à la baronne de Staël-Holstein, et envoyé à Leigh Hunt (nouvelle connaissance que Moore m'a fait faire l'été dernier) un exemplaire de mes deux contes turcs. Hunt est un caractère extraordinaire ; il n'est pas tout à fait de ce siècle : il me rappelle davantage les temps de Pym et de Hampden ; beaucoup de talent, une grande indépendance d'esprit, un abord roide, austère, sans être repoussant. S'il continue *qualis ab incepto*, peu de gens, à mon avis, mériteront autant de louanges, et en obtiendront plus sûrement. Je veux renouer avec lui. Une rapide succession d'aventures depuis l'été dernier, outre quelques sérieuses indispositions, et des affaires, ont interrompu notre liaison ; mais c'est un homme bon à connaître ; et quoique pour l'amour de lui je le voudrais hors de prison, j'aime à étudier un caractère en pareille situation. Il a été ferme, et continuera. Je lui crois peu de connaissance de la vie réelle, il est bigot de vertu, non de religion, et amoureux de ce « mot vide », comme Brutus l'a défini à son dernier soupir ; définition dont chaque jour prouve la justesse. Il est peut-être un peu trop attaché à ses opinions, comme l'était Johnson lui-même ; comme le sont tous ceux qui deviennent centres de cercles, larges ou étroits, les « sir Oracles » au nom desquels deux ou trois personnes se rassemblent. D'ailleurs homme estimable, avec moins de vanité que n'en pourrait justifier le succès, et le sentiment d'avoir préféré le devoir à l'utile.

Demain, invitation à une soirée *indigo* chez la *bleue* miss ***. Irai-je ? hé !... J'ai peu de goût pour les bleuets, les beaux esprits en jupons : mais il faut être honnête. Il y aura, je conjecture, comme disent les Américains, les Staël, les Mackintosh, bon. — Puis les *** et les ***, pas aussi bons... Les ***, etc., etc., bons à rien... Peut-être, ce papillon de Kachemirien aux ailes bleues, qui va suçant les fleurs des livres et des sciences, lady *** y sera, je l'espère ; il y a toujours du plaisir à voir cette jolie figure.

J'ai écrit à Hodgson. Il a parlé de ce que j'ai fait pour lui, du moins je suis certain de ne l'avoir dit à personne, et j'aurais mieux aimé qu'il se tût. C'est un bon garçon, et en lui étant utile, je me suis obligé moi-même dix fois plus que je ne l'ai obligé ; n'en parlons plus.

Baldwin me talonne pour que je présente la pétition des pauvres diables enfermés à King's-bench. Je me chargeai de celle de Cartwright, l'année dernière ; Stanhope et moi nous tînmes tête à toute la Chambre, et nous la défendîmes vaillamment ; notre opiniâtreté nous valut même quelques railleries, et un peu de ridicule. Mais, je ne suis pas en « veine » pour cette affaire-ci. Eh bien ! si *** eût été ici, elle me l'eût fait entreprendre. Voilà une femme qui, au milieu de toutes ses séductions et de tous ses charmes, a toujours poussé un homme vers la gloire, et vers tout ce qui est utile et bon. Si elle fût restée, elle aurait été mon génie tutélaire...

Baldwin ne cesse de m'importuner ; mais hélas ! « je ne puis pas sortir, je ne puis pas sortir », répétait le bouvreuil. Ah ! me voilà de niveau avec ce chien de Sterne qui aimait mieux pleurer un âne mort, que secourir sa mère vivante. Misérable hypocrite, — lâche esclave, — sycophante ! mais *moi*, je ne vaux pas mieux que lui. Je ne puis pas trouver le courage de prononcer un discours en faveur de ces malheureux ; et trois mots et un demi-sourire de ***, si elle était là, pour me le demander (et certes elle aurait insisté ; du moins elle m'a toujours pressé de remplir mes devoirs de sénateur, surtout pour la défense des faibles), trois mots et un demi sourire auraient fait de moi leur avocat, sinon un éloquent orateur. Malédiction sur La Rochefoucauld, qui a toujours raison ! en lui un mensonge serait une vertu, ou du moins une consolation pour ses lecteurs.

Georges Byron n'est pas venu aujourd'hui ; j'espère qu'il deviendra amiral, et peut-être lord Byron par-dessus le marché. S'il voulait seulement se marier, je m'engagerais moi à rester garçon, ou à ne jamais le frustrer de son droit d'héritage. Il serait plus heureux, et j'aimerais mieux des neveux que des fils.

J'aurai bientôt 26 ans (le 22 janvier 1814). Peut-il y avoir dans l'avenir quelque chose capable de consoler de n'avoir pas toujours 25 *ans ?*

Oh Gioventù !
Oh Pi, mavera gioventù dell' anno
Oh Gioventù, primavera della vita...

Dimanche 5 *décembre.*

Le neveu de Dallas (fils de l'avocat général à Philadelphie) vient d'arriver ; il prétend que mes vers sont très répandus dans les États-Unis. Voilà les premières nouvelles qui aient résonné à mes oreilles comme ce qu'on appelle *renommée* ; être lu sur les rives de l'Ohio ! Le plus grand plaisir de ce genre que jamais j'aie ressenti, vint d'un extrait du journal de l'acteur Cooke, que je trouvai dans sa vie, et où il dit que dans le cabinet de lecture d'Albany, près de Washington, on lui donna à lire les *Bardes Anglais* et les *Critiques Ecossais.* Etre populaire dans un pays naissant, éloigné, est une sorte de renom posthume, bien différent de l'éclat éphémère de ces compliments jetés à la tête par des gens qui vous font fête, de ceux qu'on vous glisse à l'oreille, de ceux dictés par l'esprit de parti, en un mot de tout ce dont on accable la cohue du beau monde. Je puis dire avec sincérité que durant mon *règne* au printemps de 1812, je ne regrettai que sa durée de six semaines au lieu de quinze jours, et que je résignai de bon cœur.

Hier, j'ai soupé avec Lewis et, suivant ma coutume, quoique je n'aie fait excès ni en solides ni en fluides, je suis à moitié mort depuis. Mon estomac est entièrement ruiné par de trop longs jeûnes ; le reste suivra probablement. — Ainsi soit-il ! — Si au moins ce pouvait être sans douleur : — « le saut dans les ténèbres » n'est pas ce qu'il y a le plus à redouter.

Le duc de *** s'est présenté à ma porte. Je *leur* ai dit cent fois qu'excepté pour une demi-douzaine d'anciennes connaissances intimes, je suis invisible pour tous. Sa Grâce est une bonne et noble personne, toute ducale ; mais il me suffit de penser ainsi à distance : en conséquence, je n'étais pas chez moi.

Galt est venu. *Mem* : Trouver quelqu'un qui parle à Raymond en faveur de sa pièce. Nous sommes d'anciens compagnons de voyage, et avec toutes ces originalités, il a beaucoup de sens, de l'expérience du monde, et autant que j'ai pu le voir, c'est un homme naturellement bon, et qui ne manque pas de philosophie. Je lui ai montré la lettre de Sligo, relative aux bruits qui s'étaient répandus dans Athènes sur *l'aventure* de la jeune fille turque. Lui, lord Holland, Lewis, Moore, Rogers et lady Melbourne l'ont lue ; Murray en a une copie. J'imaginais que toute cette affaire serait restée ignorée, et je voudrais qu'elle le fût. Mais Sligo arriva peu de jours après, et les bruits qui couraient sont le sujet de sa lettre. Je la garderai ; ce sera aussi bien fait. Lewis et Galt ont été tous deux frappés d'horreur ; et L*** s'étonnait que je n'eusse pas fait entrer cette situation de *Giaour*. Il y a bien plus encore à s'étonner que cette œuvre ait jamais été écrite ; mais quant à peindre ce que j'éprouvai dans cette situation, ce serait impossible. Le seul souvenir me *glace*.

La Fiancée d'Abydos a été publiée jeudi, 2 décembre. L'ouvrage prend-il ? C'est ce que je ne sais pas. Qu'il réussisse ou non, la faute n'en sera pas au public, dont je ne puis me plaindre. Mais je dois plus à ce conte qu'au lecteur le plus prévenu en ma faveur. Cette composition a arraché mes pensées à la réalité pour les tourner vers des objets imaginaires, elle a changé des regrets égoïstes en des souvenirs pleins de vie, et m'a reporté vers un pays rempli des couleurs les plus brillantes et les plus *sombres*, mais toujours les plus vives dont ma mémoire soit empreinte. Sharpe est venu ; on ne l'a pas laissé entrer ; j'y ai regret.

J'ai vu *** hier. Je n'ai pas été exact au rendez-vous à Middleton, ce qui lui a déplu, peut-être. Et mon voyage projeté avec *** lui plaira peut-être moins encore. Mais je veux rester bien avec tous deux. Ce sont des instruments qui ne résonnent pas à l'unisson ; mais assurément, chacun, à part, en plein d'harmonie, et je ne veux me priver ni de l'un ni de l'autre.

J'aurai du bonheur si je ne fais pas quelque fausse note au milieu de ces grandes dissonances. Pour le moment, je suis assez bien avec tous ; mais je ne puis adopter leurs *antipathies*. Tant de coteries ! celle de lord Holland est la première. Tout ce qu'il y a de distingué y est bien accueilli ;

et certainement le ton y est meilleur que partout. Ensuite, celle de madame de Staël ; je n'y vais jamais ; je le pourrais cependant, si j'en avais envie. Elle se compose des ***, et de la famille de *** étrangement mêlés d'orateurs, de dandies, de *Bleus* de toutes les nuances, depuis le strict uniforme de Grubstreet, jusqu'au frac azuré du littérateur. Voir *** et *** assis à table, l'un près de l'autre, me rappelle toujours la tombe où toutes distinctions d'ami et d'ennemi disparaissent. Là, le *critique* et *le critiqué,* — le rhinocéros et l'éléphant, — le mammouth et le mégalonix, reposent tranquillement ensemble. Ils *siègent,* non moins silencieux, mais pas tout à fait aussi immobiles que s'ils étaient déjà claquemurés.

Je n'ai pas été chez les Berry hier soir. L'aînée est une femme de beaucoup de talent ; toutes deux sont bien, et doivent avoir été belles. Ce soir, invité chez lord H *** ; ... irai-je ?... — peut-être. »

Le matin, à deux heures.

J'ai été chez lord Holland. Société nombreuse : Milady d'une humeur charmante, et par conséquent, *parfaite*. Il n'y a personne plus agréable, ou qui le soit autant, quand elle veut. Invité à dîner mercredi avec madame de Staël ; je crois par malice, pour être témoins de la première entrevue après la note dont Corinne se prétend si charmée. Je ne me soucie guère d'y aller. — Elle parle toujours de *moi* ou d'*elle*. Et, si ce n'est dans un soliloque comme celui-ci, je ne suis pas fort épris de ces deux sujets de conversation, surtout s'il est question des ouvrages que l'on a faits. Que diable lui dire de son *Allemagne ?* J'aime prodigieusement ce livre : mais à moins que je n'exprime mon admiration de quelque façon bizarre et fantastique, elle ne me croira pas. Et je sais par expérience que je serai accablé de belles choses sur la poésie, les vers, etc., l'Amant, M. *** était là, ce soir. C*** dit que c'était l'unique preuve qu'il eût vue du bon goût de la dame. Monsieur l'Amant est remarquablement beau, mais pas plus, selon moi, que le livre de sa belle.

C*** a bonne mine, semble satisfait de lui-même ; et était particulièrement recherché dans sa mise. L'habit bleu lui va

5

bien — et sa perruque neuve aussi. On eût dit réellement qu'Apollon lui avait envoyé une parure pour un jour de naissance, ou de noce ; il a montré de l'esprit et de la vivacité. Il a critiqué amèrement le livre de Corinne, à mon grand regret : d'abord parce qu'il entend l'allemand, et par conséquent est bon juge ; secondement, c'est un des chefs littéraires, et par conséquent le meilleur des juges. Je le respecte et l'admire ; mais je ne veux pas renoncer à mon opinion. — Pourquoi le ferais-je ? J'ai lu et *relu* madame de Staël ; et certes, il ne peut y avoir là d'affection. Je ne puis me méprendre (excepté comme goût) sur un livre que je lis, que je quitte, et que je reprends, et un livre ne peut être totalement mauvais, s'il trouve *un*, même *un seul* lecteur qui puisse en dire sincèrement autant.

C*** parle de faire un cours au printemps prochain ; le dernier a grandement réussi. Moore avait eu cette idée, mais il l'a abandonnée : je ne sais pourquoi. *** a été lui parler de dignité et autres fadaises ; comme si un homme se dégradait parce qu'il instruit et plaît tout à la fois.

Présenté au marquis de Buckingham, vu lord Gower : il va en Hollande ; sir J., lady Mackintosh, Horner, G. Lamb, et je ne sais combien d'autres (R. Wellesley, assez habile homme), formaient des groupes dans le salon. Le petit Henry Fox est un très beau garçon, qui promet beaucoup, sous tous les rapports. — Il a été se coucher avant que j'aie eu le temps de lui parler. J'aurais mieux aimé l'entendre causer, que tous les *savants*.

Dimanche, 6 *décembre*.

Murray me dit que C...r lui a demandé pourquoi mon poème s'appelait la *Fiancée d'Abydos ?* Fit-on jamais question plus maladroite ? plus mal à propos ? De fait, je n'y puis répondre. Ce n'est ni une femme mariée, ni précisément une *fiancée*, seulement à la veille de l'être, sans, etc. Je ne m'étonne pas qu'il ait remarqué ce coq à l'âne : mais l'avoir dit après coup, trop tard pour que la découverte soit utile ! Il faut que j'aie été un grand sot ; encore passe si j'étais Irlandais !

C...l semblait hier piqué de je ne sais

quoi ; nous nous tenions dans la salle qui précède le salon, lorsque lord Holland apporta de l'autre chambre un vase rempli d'une composition semblable à celle dont on fait usage dans les églises catholiques ; et en nous apercevant, il s'écria : « Voici de l'*encens* pour vous ! » C....l reprit : « Portez-le à lord Byron ; *il y est accoutumé.* » A présent, ceci ne peut venir que de ne vouloir point de « frère trop près du trône. » Moi, qui n'ai point de trône, ni ne souhaite en avoir, quelque chose que j'aie pu dire ou faire autrefois, je suis parfaitement en paix avec toute la confrérie poétique ; — ou du moins si j'en hais quelques membres, ma haine n'a rien *de littéraire* ; elle est toute *personnelle.* Le champ de la pensée n'est-il pas infini ? n'importe qui est devant, qui est derrière, dans une course où il n'y a point de terme ? Le temple de la gloire est comme celui des Persans, l'univers ; nos autels, les sommets des montagnes. Je me contenterais d'un mont sans nom, ou du Caucase, et tous ceux qui en ont envie peuvent s'emparer du mont Blanc ou du Chimborazo, sans que je m'oppose à leur élévation.

Je crois avoir maintenant le droit de parler de la sorte : car je viens de publier un poème, et j'ignore absolument s'il plaira ou non. Jusqu'à présent, j'ai entendu dire peu de chose à sa louange ; et on ne peut pas maltraiter quelqu'un en face, si ce n'est par l'intermédiaire de la presse. Il n'est pas possible que l'ouvrage soit bon ; autrement, je n'aurais pas fait un faux pas en débutant ; je n'aurais pas fait une balourdise même dans le titre. Mais je le commençai, le cœur plein de *** et la tête remplie d'*orientalités* (je ne puis pas dire d'*orientalismes*), et l'écrivis avec une grande rapidité.

Ce journal est un soulagement. Quand je suis fatigué (ce qui m'arrive en général), tout passe ici, et je balaie de mon âme peines et ennuis. Mais je ne puis le relire ; et Dieu sait combien il doit renfermer de contradictions ? Si je suis sincère avec moi-même (car je crains qu'on ne se mente à soi-même autant qu'aux autres), chaque page doit contredire, réfuter, renier celle qui la précède.

Nouvelle requête de Martin Baldwin, l'homme à la pétition ; je ne me sens ni tête ni nerfs pour la présenter. Ce maudit souper chez Lewis a dérangé ma digestion et refroidi ma philantropie. Rien qui ressemble à l'amour du prochain : aigre comme une pinte de verjus ! Que ne suis-je une autruche, dussé-je me nourrir de barres de fer, ou de n'importe quoi que mon estomac pourrait digérer !

J'ai vu aujourd'hui Ward. Son oncle est mourant, et W.... n'est plus guère pour nos projets sur la Hollande. Je dîne avec lui jeudi ; pourvu que d'ici là, l'oncle ne soit pas servi ou formellement promis aux épicuriens souterrains pour leur dîner. Je souhaite qu'il se rétablisse non à cause de notre dîner, — mais pour désappointer l'entrepreneur des funérailles, et ces coquins de reptiles qui peuvent bien attendre, puisqu'ils sont sûrs de finir par avoir leur pâture.

Gell, celui de Troie, est venu pour me voir, après que j'étais sorti. *Mem* : lui rendre sa visite. Mais ces *Mémoranda* sont de véritables indications d'oublis, pareils à un phare, avec un bâtiment naufragé au pied de la lanterne. Jamais je ne jette les yeux sur un *Mémorandum* sans voir que je me suis souvenu d'avoir oublié. *Mem* : j'ai négligé de payer la taxe de Pitt ; j'imagine que je serai imposé doublement. « Et je ne deviendrais pas rebelle, quand tu es roi ! » Mille tonnerres ! je crois qu'il n'y a pas jusqu'à mon biscuit qui ne soit aigri par les impôts de cet imposteur.

Lady M...e revient demain de Jersey ; je passerai chez elle. Un M. Thomson m'a adressé une chanson, qu'il me faut applaudir. Je n'aime pas à les chagriner par mes critiques ou mon silence, et pourtant je déteste les *lettres*.

J'ai vu chez Murray lord Glenbervie, et son prospectus d'un nouveau traité sur le bois de construction. Voilà un homme plus utile que tous les historiens, et tous les rimeurs qui aient jamais poussé. En conservant nos bois et nos forêts, il nous approvisionne de matériaux pour tout ce qui vaudra la peine d'être lu dans l'histoire de la Grande-Bretagne, et pour toutes les odes qui ne seront bonnes à rien.

J'ai beaucoup lu, mais à bâtons rompus. Ma tête est encombrée de fatras inutile. Il est assez étrange que, quand je lis, je puisse supporter en ce genre la plus mince nourriture, et jusqu'à du bouillon de poulet, excepté des romans. Il y a bien des années que je n'en ai ouvert un, quoique j'en fasse demander parfois, en manière d'essai, et comme expérience ; mais je m'en tiens au titre. Hier, je me suis avisé de parcourir les passages les plus licencieux du *Moine.* Ces peintures auraient dû être faites par Tibère à Caprée. Elles sont forcées ; ce sont les idées stimulantes d'un voluptueux usé. Il me paraît inconcevable que ce soit l'ouvrage d'un homme de vingt ans ; Lewis n'avait pas davantage quand il le composa. Il n'y a point de nature. Pure crème aiguë de cantharides. Je serais tenté de la croire écrite par Buffon au lit de mort de son détestable radotage. Jamais je n'avais lu cette édition : je l'ai regardée uniquement par curiosité, et en souvenir du bruit qu'elle a fait, et du nom qui en est resté à Lewis. Mais elle ne pouvait produire d'autre mal que..................................

Je suis allé ce soir chez mon homme d'affaires. Les choses vont comme de coutume. Les aventures étranges sont le seul héritage de notre famille qui n'ait pas diminué.

Je vais fumer deux cigares, et me mettre au lit. Les cigares ne se conservent pas bien ici. Ils y vieillissent aussi vite qu'une *donna di quaranti anni* sous le soleil d'Afrique. Les meilleurs viennent de la Havane ; mais ils ne sont pas si agréables que le houka ou le chibouque. En Turquie, le tabac est doux, et les chevaux entiers ; deux choses dans l'ordre et comme elles doivent être.

J'ai de grandes obligations à ce journal : il me préserve de faire des vers, ou du moins d'en garder. Je viens de jeter un poème au feu, qu'à mon grand confort il a rallumé : et en fumant j'ai chassé de ma tête le plan d'un autre. Que ne puis-je aussi aisément me débarrasser de la pensée, ou plutôt du trouble de mes pensées.

Mardi, 7 décembre.

Dormi sans rêves, mais d'une façon agitée et peu rafraîchissante. J'étais levé une heure avant qu'on vînt m'éveiller ; et j'ai traîné trois heures à m'habiller. Quand on retranche de la vie l'enfance, qui n'est qu'un état de végétation, le sommeil, les repas, le temps passé à vider les bouteilles, à se boutonner, se déboutonner, que reste-t-il de véritable existence ? l'été d'une marmotte...

Lu les gazettes, pris le thé, de l'eau de Soda, et découvert que le feu n'était pas bien fait. Lord Glenbervie voudrait me faire aller à Brighton. Hem !...

Ce matin, un très joli billet de madame de Staël, au sujet de notre entrevue de demain chez lord H. Je gagerais qu'elle en a écrit vingt, tous également flatteurs, à différentes personnes. Tant mieux pour elle, et pour ceux qui la croient, ou qui souhaitent de croire tout ce qu'elle leur dit. Il lui a plu d'être satisfaite de mon léger éloge dans la note annexée à la *Fiancée*. Cela s'explique de plusieurs façons. 1° Toute femme aime la louange, telle quelle ; 2° elle ne s'y attendait pas, parce que jamais je ne lui ai fait ma cour ; 3° comme dit Scrub, les personnes qui ont été, pendant toute leur vie, régulièrement louangées par des critiques de profession, aiment un peu de variété, et sont bien aises quand quelqu'un se détourne de son chemin pour leur adresser une parole civile ; et 4° c'est au fond, une très bonne créature ; ce qui, après tout est la meilleure raison, et peut-être la seule.

On frappe. Un coup, deux coups ! C'était Bland. Il a été en Hollande, et il prétend que la société hollandaise est la doublure de celle de France. Mais les femmes y sont comme partout ailleurs. C'est dommage. J'aimerais à les trouver un peu diverses ; mais on ne peut pas l'espérer.

Je suis sorti ; je suis rentré ; puis ceci, puis cela, et encore autre chose. — Et « tout est vanité », dit le prédicateur ; et je le répète, comme faisant partie de sa congrégation. En parlant de vanité, quelle est la louange que je préfère ? Ma foi, celle de Mrs Inchbald et celle des Américains. Mrs Inchbald, parce que « Simple histoire », ainsi que « Art et Nature » tiennent tout ce que promettent leurs titres. Aussi, son petit billet à Rogers sur le « Giaour », m'a fait plus de plaisir que tout autre chose, à l'exception de la Revue d'Edimbourg. Les Américains, je les aime parce que le hasard a voulu que je fusse en Asie, tandis qu'on lisait en Amérique les *Bardes Anglais* et les *Critiques écossais*. S'il m'était arrivé de faire lire en Afrique un discours sur la traite des noirs, et une épitaphe sur un chien en Europe (c'est-à-dire dans le *Morning Post*), je porterais la tête haute. Ma *vertex sublimis* aurait certainement déplacé assez d'étoiles pour renverser le système de Newton. »

Vendredi, 10 *décembre* 1813.

Je suis *ennuyé* encore plus que de coutume, et tout à fait accablé de ce maudit verbe que je ne cesse de conjuguer ; je ne trouve pas que la société soit d'un grand secours contre ce mal. Je suis trop indolent pour me brûler la cervelle ; puis cela ferait de la peine à Augusta, et peut-être à *** ... D'un autre côté, ce serait une bonne chose pour George, et nullement désavantageuse pour moi. Mais je ne veux pas me laisser tenter.

J'ai reçu la plus tendre lettre de M...e ; je le tiens pour le meilleur cœur, le seul bon que j'aie jamais rencontré ; et de plus ses talents sont au niveau de ses sentiments.

J'ai dîné mercredi chez lord H. Les Stafford, les Staël, les Cowper, Melbourne, Mackintosh, etc., etc., tous y étaient... et j'ai été présenté au marquis et à la marquise de Strafford ; ce à quoi je ne m'attendais pas. On a saisi l'occasion ; car ma querelle avec leur beau-frère lord Carlisle y avait mis obstacle jusqu'alors. Puisque ce rapprochement devait se faire, je m'étonne qu'il n'ait pas eu lieu plus tôt. La dame est bien, et a dû être belle ; ses manières sentent la princesse. La Staël était à l'autre bout de la table, moins en train de parler qu'à l'ordinaire. Nous sommes maintenant fort bien ensemble ; quoiqu'elle ait demandé à lady Melbourne si j'avais réellement de la bonhomie. Elle aurait aussi bien fait de s'en informer avant de dire à C. L. : « c'est un démon. » C'était assez vrai, mais un peu prématuré de sa part, car elle ne pouvait pas l'avoir découvert : et par conséquent... Elle veut que je dîne chez elle dimanche prochain.

Murray prospère, au moins quant au débit. Pour moi, je persiste à aimer mieux mon fragment. Ce n'est pas merveille que je réussisse dans ce genre d'écrit ; mon esprit lui-même n'est autre chose qu'un fragment.

J'ai pris congé de lord Gr. qui va en Hollande et en Allemagne. Il me dit qu'il emporte une cargaison de *Harolds* et de *Giaours*, pour les lecteurs de Berlin, qui, à ce qu'il semble, lisent bien l'anglais, et ont pris goût à mes œuvres. Hem ! — Aurais-je par hasard été *Allemand* quand je me croyais *oriental ?*

J'ai prêté ma loge à Tierney pour demain ; lady C. A. m'a envoyé une comédie, mais qui n'est pas d'elle. Il faut que je la lise et que je tâche de ne pas offenser l'auteur. Je déteste tourmenter les autres par mes critiques et mes observations ; mais je regarde une comédie comme une œuvre très difficile, beaucoup plus difficile qu'une tragédie.

G....t prétend qu'il y a coïncidence entre la première partie de la *Fiancée* et certaine histoire de sa façon, publiée ou non, je ne sais, ne l'ayant jamais vue. C'est à peu près le dernier des hommes qu'on voudrait voler, et je n'ai pas la conscience d'avoir fait avec intention un seul larcin à la gent littéraire. Quant à l'originalité, toutes prétentions sont ridicules. « Il n'y a rien de nouveau sous le soleil. »

Je suis allé hier au spectacle... Invité à une soirée, je n'y ai pas été ; — bien. Refusé d'aller lundi chez lady ***, bien encore. S'il me faut perdre et dissiper ma vie, je ne veux pas que d'autres s'en mêlent ; je le ferai bien à moi tout seul.

J'ai été fortement tenté : C*** avait quelque chose de si turque avec son turban rouge, ses traits réguliers, et son teint brun et animé ! Ce n'est pas qu'*elle* et *moi* puissions jamais être rien l'un pour l'autre ; mais j'aime tout ce qui me rappelle les enfants du soleil.

Je dîne aujourd'hui avec Rogers et Sharpe, et me sens quelque appétit, n'ayant pas goûté la moindre nourriture depuis quarante-huit heures. Je voudrais qu'il me fût possible de cesser tout à fait de manger.

Samedi, 11 *décembre.*

....

Dimanche, 12 *décembre.*

Il résulte de la réponse de G....t qu'il existe dans la *vie réelle*, et non dans un ouvrage, un épisode avec lequel ma dernière composition a du rapport. C'est d'autant plus étrange, que j'ai aussi peint d'après la nature même.

J'ai envoyé mes excuses à Mme de Staël. Je ne me sens pas assez sociable pour dîner dehors aujourd'hui. Je n'irai pas chez Sheridan, mercredi. Ce n'est pas que je n'admire sa conversation, que je ne la préfère à toute autre ; mais... Ce *mais* ne peut être intelligible que suivi de pensées que je ne puis écrire. Sheridan était en verve hier au soir chez Rogers : et pourtant je ne suis resté que jusqu'à 9 heures. Aujourd'hui tout le monde sera chez Mme de Staël, et je ne suis pas fâché de lui échapper tout à fait. Je ne sors que pour reprendre goût à la solitude.

Je ne suis pas allé chez Mme de Staël, mais chez lord Holland : société nombreuse, conversation générale. Je suis resté tard.

— J'ai dit une sottise et m'en suis tiré ; je suis revenu au logis et me suis couché sans avoir mangé. A jeûn, mais *fresco*, c'est le grand point pour moi. »

Lundi, 13 *décembre*.

J'ai fait trois visites ; j'ai lu et fait mes préparatifs pour quitter la ville demain. Murray a reçu une lettre de son confrère, le bibliophile d'Edimbourg. Il lui dit qu'il le félicite *d'avoir un pareil poète*, à peu près comme on parlerait d'un cheval de bât, d'un âne, ou de quelque chose qu'on puisse avoir en propre ; ou comme Mrs Packwood, à qui l'on demande les odes sur les rasoirs, et qui répond : « Oh ! monsieur, nous avons notre poète attitré. » Ce même illustre libraire d'Edimbourg fit une fois une demande de livres, Poésies et Traités de sciences culinaires, avec cet aimable postscriptum : « Le *Childe-Harold* et la *Parfaite cuisinière* sont très demandés. » Voilà ce qu'est la gloire. Et après tout celle-là vaut toute celle que donnent le souffle et la langue des hommes. Il n'y a pas tant

6

de différence entre partager les acheteurs avec Hannah Glasse ou Hannah More.

L'éditeur de je ne sais quel « Magazine » a annoncé à Murray *l'intention* de critiquer l'ouvrage *(La Fiancée)* sans l'avoir lu. Tant mieux ; s'il le lisait, il en dirait plus de mal.

Allen (l'Allen de lord Holland, un des hommes les plus instruits, les plus capables que je connaisse, un parfait Magliabecchi, grand consommateur de livres et observateur des hommes) m'a envoyé une quantité de lettres de Burns, qui n'ont pas été et ne seront jamais publiées ; elles sont pleines de jurements et de chansons obscènes. Quel singulier esprit ! assemblage incohérent des choses les plus opposées ; de délicatesse et de grossièreté, de tendresse et de rudesse, de sentiment et de sensualité ; s'élevant comme l'aigle, et rampant dans la fange ; boue et divinité : et tout cela mêlé, pétri, en une masse de limon si divinement inspiré ! c'est étrange ; jamais un homme vraiment voluptueux n'abandonnera son âme à ce que la réalité a de grossier. Ce n'est qu'en élevant le terrestre, le matériel, le *physique* de nos plaisirs, en voilant ces idées, en les oubliant tout à fait, ou du moins en ne les nommant pas à nous-mêmes, que nous pouvons prévenir le dégoût.

14, 15, 16 *décembre.*

Fait beaucoup de choses, mais rien à enregistrer. C'est bien assez de noter mes pensées ; mes actions sont rarement de nature à ce que j'y revienne.

17 *et* 18 *décembre.*

Lord Holland m'a rapporté une singulière preuve de sensibilité de Sheridan. L'autre soir, nous étions en train de donner nos diverses opinions sur lui, et sur quelques autres hommes marquants ; voici qu'elle était la mienne. Dans tout ce que Sheridan a fait, ou voulu faire, il a été le premier, et aussi près que possible de la perfection ; il a composé la meilleure comédie, *(the School for Scandal)*, le meilleur drame (bien au-dessus, à mon avis, de ce libelle de Saint-Gilles *(l'Opéra des Men-*

diants), la meilleure farce *(le Critique)*, à laquelle on ne peut faire d'autre reproche que celui d'être supérieure à ce genre d'écrit ; la meilleure épître dédicatoire *(Monologue sur Garrick)*, et pour couronner l'œuvre, le meilleur discours qui ait été entendu et composé dans notre pays : le fameux discours sur l'Inde, qui prit le nom de « Begum Speech ». Le lendemain, quelqu'un dit à Sheridan en quels termes j'avais parlé de lui, et il fondit en larmes.

Pauvre Brinsby ! si ses larmes furent de plaisir, j'aime mieux avoir dit ce peu de mots, dans la sincérité de mon âme, que d'avoir composé *l'Iliade* ou sa propre *Philippique* : sa comédie même ne me donna jamais tant de plaisir que j'en eus à apprendre qu'il avait été un moment heureux de mes louanges ; tout humble que cela puisse paraître à mes aînés et supérieurs.

Été à Covent-Garden ce soir, et ma délicatesse fut un peu choquée de voir la maîtresse de S. (qui, à ma connaissance certaine, a été élevée pour sa profession), avec sa mère une c...., complaisante de toute l'armée, dans une loge en face de la mienne. — J'étais presque indigné ; mais en promenant mes yeux autour de la salle, à droite, à gauche, au centre, et de côté, je n'y découvris que les plus *marquantes* de nos *babyloniennes* de qualité, tant jeunes que vieilles, de sorte que je partis d'un éclat de rire. C'était réellement drôle !

Lady ***, *divorcée.* Lady *** et sa fille, toutes deux *divorçables.* Mrs *** dans la loge voisine, de même, et encore plus près ***. Quel *assemblage* pour *moi*, qui connais toutes leurs histoires ! il semblait que la salle fût partagée entre les courtisanes publiques, et les courtisanes *sous-entendues.* Mais le nombre des intrigantes surpassait de beaucoup celui des simples mercenaires. De cette dernière lignée, il n'y avait que P***, avec *sa* mère, et trois autres d'un degré au-dessous.. A présent quelle différence y a-t-il entre P*** et sa *maman*, et entre lady *** et sa fille ; sinon que ces deux-ci ont leurs entrées au palais et partout ailleurs, et que les deux premières ne peuvent se montrer qu'à l'Opéra et chez elles ? Je me plais à observer la vie telle qu'elle est ; bien qu'après tout, je sois le pire de tous peut-être. Mais n'importe ! je ne veux pas me laisser aller à l'égoïsme, qui, en ce moment, ne serait pourtant pas vanité.

Lu un peu d'italien, et écrit deux sonnets sur ***. Je n'en ai jamais composé qu'un avant ceux-là, et c'était sans importance, il y a bien des années, et pour m'exercer seulement : je n'en ferai plus. C'est la plus langoureuse, ennuyeuse, et stupidement platonique de toutes les compositions. Je déteste tant Pétrarque que je n'aurais pas voulu être lui, même pour obtenir sa Laure ; ce à quoi ce roucoulant radoteur métaphysique ne put arriver.

J'ai dernièrement écrit une bizarre, vagabonde et incomplète rapsodie, intitulée *le Diable en course*, dont j'ai emprunté l'idée à la *Promenade du Diable*, de Porson.

16 *janvier* 1814.

Demain, je quitte la ville pour quelques jours. J'ai vu Lewis qui arrive d'Oatlands où il a causé avec madame de Staël, de lui-même, de Clarisse Harlowe, de Mackintosh et de moi. Je n'ai jamais songé à porter là mes hommages, et nous n'eussions jamais pu nous entendre. Je ne parle pas, je ne peux pas flatter, et ne veux écouter qu'une femme jolie ou sotte. Elle a accablé Lewis de louanges jusqu'à lui en donner des nausées ; elle a découvert que Clarisse était la perfection même, et Mackintosh, le premier homme de l'Angleterre. Je suis de son avis là-dessus ; du moins, est-ce un des premiers ; mais Lewis ne pense pas de même. Pour Clarisse, je laisse juger et disputer ceux qui peuvent la lire : n'ayant jamais pu faire l'un, je n'ai pas le droit de me permettre l'autre. Elle a fait sagement l'observation à Lewis, le sachant mon ami, d'abord que j'étais affecté ; puis, que j'avais commis la haineuse offense d'avoir, pendant tout le dîner, tenu mes yeux entr'ouverts ou à demi clos. Ai-je vraiment ce tic ? Si cela est, je veux m'en corriger. On acquiert insensiblement des habitudes gauches dont il faut se défaire à temps. Si j'ai celle-là, je suis fâché qu'on ne me l'ait pas dit plus tôt. Ce serait peu important si l'on avait toujours vis-à-vis de soi une femme laide ; mais pourtant encore vaut-il mieux voir ses voisins, et les plats qui sont sur la table.

J'aurais fort aimé à entendre le galant

dialogue qui a dû s'établir entre elle et Lewis ; tous deux obstinés, bavards, spirituels, querelleurs, et doués de voix perçantes. De fait, on n'aurait pu entendre qu'eux. Mais ils sont brouillés ; hélas ! et ne se querelleront plus. Ne pourrait-on pas les réconcilier, ne fût-ce que pour les voir recommencer ? Pauvre Corinne ! elle s'apercevra à la fin que ses beaux dires ne font pas fortune auprès de nos ladies et de nos gentlemen.

Je me prends d'admiration pour ***, la jeune sœur de ***. Une femme serait mon salut. Certainement, les femmes des gens de ma connaissance m'ont fait peu de bien jusqu'ici. *** est belle, mais bien jeune, et je la crois sotte : mais je ne l'ai pas assez vue pour en juger ; d'ailleurs, je n'aime pas *l'esprit* en cotillon. Il est très probable qu'elle ne m'aimerait pas ; et moi, je ne l'aimerais pas non plus : mais suivant mon système, et le système moderne en général, cela importe peu. L'affaire (si jamais ça en vient là) sera réglée entre le papa et moi. Elle en ferait à sa tête ; je suis doux et docile avec les femmes ; et si je n'en deviens point amoureux, ce que je

tâcherai d'éviter, nous ferons un couple très bien assorti. Quant à sa conduite, il faudra qu'elle y veille...................
Mais *si* j'aime, je serai jaloux ; et c'est pour cela que je ne veux pas aimer. Après tout, je doute de moi, et craindrais de n'être pas aussi patient que le demanderait la bienséance pour un mari de mon rang. Le divorce perd la pauvre femme, et les dommages sont de tristes compensations. Mon caractère n'aurait qu'à me pousser à quelque vengeance orientale, ou tout au moins à un appel au tribunal. Non, tout décidément, je n'en veux pas ; je suis fait pour rester solitaire. Cependant, j'aimerais de temps en temps à avoir quelqu'un pour bâiller avec moi.

W. et après lui *** m'ont volé une de mes bouffonneries sur la métaphysique et les brouillards de madame de Staël, et l'ont fait passer, en récit et par écrit, pour être d'eux. Comme dit Gibbet, « ils vont de pair avec les gentilshommes de grande route. » Ils vous dévalisent de votre esprit comme les autres de votre bourse. W. est en grande inimitié chez les Whigs, à cause de son article sur Fox (si tant est qu'il soit de lui) ; tous les essais, toutes les épigrammes, pleuvent sur sa tête ; je hais les mauvais plaisants, et voudrais qu'il les battît. Quant à moi, grâce à l'indifférence, j'ai étonnamment simplifié ma politique, et l'ai réduite à la détestation pure et simple de tous les gouvernements existants ; et, comme c'est, en opinion, le résumé le plus court et le plus agréable possible, le premier moment d'une république universelle me convertirait en avocat du despotisme absolu. Le fait est que la richesse est la puissance, et la pauvreté l'esclavage, par toute la terre, et dans tous les gouvernements : aucune constitution n'est meilleure ni pire qu'une autre pour quelque peuple que ce soit. Je tiens et tiendrai à mon parti, parce qu'il ne serait pas honorable d'agir autrement ; mais, quant à *l'opinion*, je trouve que la politique ne mérite pas qu'on en ait une. Pour la *conduite*, c'est autre chose : si vous commencez avec un parti, tenez-vous-y. Ce n'est qu'en politique que j'ai de la constance et de la suite ; et cela tient sans doute à mon indifférence sur ce sujet.

18 *février.*

Mieux portant qu'il y a un mois, quand je suspendis mon journal ; la plus grande partie de mon temps s'est passée hors de Londres, et dans le Nottingham ; toujours occupé, et de bonne humeur, au moins pendant trois semaines. A mon retour, je trouve toutes les gazettes attaquées de convulsions, et toute la ville en émoi, parce que j'ai avoué et permis de publier de nouveau deux stances sur les pleurs de la princesse Charlotte à l'occasion du discours du Régent à lord Lauderdale, en 1812. Ils y reviennent tous les jours ; quelques-unes des injures sont bien trouvées ; toutes partent du fond du cœur. On parle d'une motion à ce sujet dans la Chambre des pairs : qu'ils la fassent donc !

Lu, en me levant, le *Morning Post* : il contient la bataille de Bonaparte, la destruction de la douane et un paragraphe sur moi, aussi long que mon arbre généalogique, et hostile comme à l'ordinaire.

Hobhouse est de retour en Angleterre, c'est mon meilleur ami, le plus chaud, et l'homme du talent le plus vrai qui existe.

Le *Corsaire* a été conçu, écrit, publié, etc., depuis que j'ai interrompu ce journal. On me dit qu'il a beaucoup de succès ; il a été écrit *con amore*, et presque tout entier d'après nature. Murray est content du début ; et si le public est également satisfait de la lecture, il n'y a plus rien à désirer. »

Neuf heures.

Été chez Hanson pour affaires. Vu Rogers, et reçu un billet de lady Melbourne, qui prétend que le bruit court que j'ai « l'esprit bien abattu. » Je m'étonne si cela est ou non ? J'ai certainement assez « de ce qui oppresse et navre le cœur », et il vaut mieux leur laisser croire que le mal est la suite de leurs attaques, que de leur en révéler la véritable cause. Mais — mais — toujours *mais* à la fin du chapitre.

....

Hobhouse m'a conté dix mille anecdotes sur Napoléon, toutes bonnes, toutes vraies, Mon ami H. est le plus amusant des hommes, et le plus aimable compagnon.

J'ai lu un peu ; j'ai écrit des billets et des lettres ; et me voilà seul, ce que Locke appelle être en mauvaise compagnie. « Ne soyez pas isolé ; ne restez pas oisif. » Hem ! L'oisiveté sans doute est à charge ; mais la solitude pourquoi la blâmer ? Plus je vois les hommes, moins je les aime. Si seulement je pouvais en dire autant des femmes, tout irait bien. Pourquoi ne le puis-je pas ? j'ai 26 ans, et mes passions ont eu de quoi se calmer, mes affections plus qu'il n'en fallait pour se flétrir, et cependant... — Toujours *cependant* — toujours *mais.* « Nous sommes tous au fond des misérables : va, va, retire-toi au couvent. Ils m'ont rendu fou ! »

Minuit.

J'ai commencé une lettre que j'ai jetée au feu. Lu, mais sans fruit. Je n'ai point été voir Hobhouse, comme je l'avais promis, et comme je le devais. N'importe ! la perte est pour moi. J'ai fumé deux cigares.

Napoléon ! cette semaine décidera de son sort. Tout semble contre lui : mais je crois et espère qu'il aura le dessus, du moins qu'il repoussera les envahisseurs. Quel droit avons-nous d'imposer des souverains à la France ? O république ! « Brutus, tu dors. » Hobhouse ne tarit pas en anecdotes sur cet homme extraordinaire, toutes en faveur de son génie, de son courage, mais contre sa bonté : nulle *bonhomie*, nulle candeur. Rien d'étonnant, comment lui qui connaît si bien l'espèce humaine, ferait-il autrement que de la mépriser, de l'abhorrer ?

Plus grande est l'égalité, plus le mal est distribué impartialement, et moins il pèse, divisé sur tous ; donc, une république !

« Encore des billets de madame de ***. Ils sont restés et resteront sans réponse. J'admire ses talents ; mais, en vérité, sa société est assommante ; une avalanche qui vous enterre sous un amas de brillants *non sens* : toute neige et sophisme.

Irai-je chez Mackintosh, mardi ! Hem ! — Je ne suis point allé chez le marquis de Lansdowne, ni chez miss Berry, quoique ces deux réunions soient agréables. J'en dis autant de sir James. — Mais, je ne sais, il me semble qu'il n'y a rien à gagner dans les assemblées, à moins que l'on n'y rencontre quelque belle à soi, quelque passion, sa Reine.

Comment diable a-t-on pu faire un monde tel que le nôtre ? A quel propos et, dans quel but, par exemple, créer des dandies, des rois, des agrégés de l'Université, des femmes d'un certain âge — et quantité d'hommes de tout âge, et moi par-dessus tout ?

> Divesne prisco et natus ab Inacho,
> Nil interest, an pauper, et infima.
> De gente, sub dio moreris,
> Victima nil miserantis Orci
> . . . .
> Omnes eodem cogimur.

Y a-t-il quelque chose au-delà de la vie ? *Qui* le sait ? *Celui* qui ne peut plus le dire. Qui affirme qu'il y a quelque chose ? Celui qui n'en sait rien. Et quand le saura-t-il ? peut-être au moment où il s'y attend le moins, et généralement quand il ne le désire pas. Sous ce dernier rapport cependant, il n'en est pas de même pour tous les hommes ; cela dépend en grande partie de l'éducation, un peu des nerfs et des habitudes, — et beaucoup de la digestion.

20 *février*

J'ai déchiré deux feuilles de ce journal ; je ne sais pourquoi. — Hodgson est venu un instant, et me quitte. Avec toutes ses autres qualités, il a beaucoup de *bonhomie*, et plus de talent qu'on ne lui en accorde hors du cercle de ses connaissances.

Une invitation à dîner chez lord Holland où se trouvera Kean. Il est bon à rencontrer ; et j'espère qu'introduit dans la bonne compagnie, il se préservera de la dégradation de Cooke. Il est le premier sur la scène ; et hors de là, il faut qu'il tienne son rang de grand artiste. On le critique dans une gazette d'une manière stupide et injuste. Il m'a semblé qu'hier, quoique beau dans son rôle, il est resté au-dessous de ce qu'il a été à la première représentation. C'est peut-être l'effet de ces injures : mais je pense qu'il a trop de sens pour y faire attention. Il ne peut pas espérer conserver sa supériorité au théâtre, ou s'élever encore plus haut, sans exciter la jalousie de ses camarades, et subir les coups de pattes de leurs admirateurs. Mais s'il ne les abat tous, c'est que « le mérite n'est pas récompensé dans ce siècle calculateur. »

Je voudrais avoir du talent pour le dramatique, j'écrirais une tragédie, maintenant. Ma:s non — c'est fini. Hodgson parle d'en faire une ; — il la fera bonne. Je crois que M***e devrait essayer ; il a des moyens merveilleux et beaucoup de variété ; de plus il a vécu et senti. Pour écrire de manière à émouvoir le cœur, il faut que le cœur ait été ému ; mais, peut-être faut-il qu'il ait cessé de l'être. Tant que vous êtes sous l'influence des passions, vous ne faites que sentir, et ne pouvez décrire ; pas plus qu'en agissant, vous ne pourriez vous tourner vers votre voisin, et lui raconter l'aventure. Quand tout est fini, tout, absolument tout, et pour jamais, alors fiez-vous à la mémoire : elle n'est que trop fidèle.

Je suis sorti ; j'ai répondu à quelques lettres ; j'ai bâillé de temps en temps, et j'ai lu les *Brigands* de Schiller. C'est beau ; mais *Fiesco* vaut *mieux*, et l'*Aristodème* d'Alfieri et de Monti est encore supérieur. Ils vont d'un vol plus égal et plus soutenu que les dramaturges tudesques.

Répondu — ou plutôt accusé réception

au jeune Reynolds de son poème « Safie ». Ce jeune homme a de l'esprit, mais la plupart de ses pensées sont empruntées : *où ?* c'est ce que les journalistes découvriront. Je ne puis souffrir de décourager un jeune débutant ; et, bien qu'il soit forcé, et plus oriental qu'il ne le serait s'il eût vu les sites où il a placé ses héros, je trouve qu'il a beaucoup de talent ; et certes, le feu ne lui manque pas.

J'ai reçu une très singulière épître ; et la manière dont elle m'est arrivée, par les mains de lord H., me semble aussi bizarre que la lettre elle-même. Au surplus, elle était agréable et jolie.

Dimanche, 25 *février*.

Me voici seul ici, au lieu de dîner chez L. H., où j'étais invité ; — mais je ne me sentais en disposition d'aller nulle part. Hobhouse prétend que je deviens *loup-garou* ; c'est vrai : « il faut que je sois seul pour être moi-même. » La semaine dernière s'est passée à lire, au spectacle, à recevoir quelques visites ; tantôt bâillant, tantôt soupirant, mais pas d'écriture ; si ce n'est des lettres. Si je pouvais toujours lire, je ne sentirais jamais le besoin de société. Y ai-je regret ? hum ! — « L'homme ne me ravit pas », et seulement la femme — par moments.

Il y a pour moi quelque chose de calmant dans la seule présence d'une femme, quelque étrange influence, même sans amour, que je ne puis du tout expliquer, surtout avec la pauvre opinion que j'ai de ce sexe. Mais, pourtant, je me sens toujours de meilleure humeur avec moi-même et avec toutes choses, s'il y a une femme dans le voisinage. Ne fût-ce que madame Mule, chargée d'allumer mon feu, la plus vieille sempiternelle, et la plus flétrie de son espèce ; sentinelle vigilante, constant épouvantail qui me préserve d'importuns visiteurs, dont la physionomie rechignée contriste mes plus dévoués amis, dont enfin le caractère aigre ne s'humanise que pour moi ; eh bien ! elle-même, elle parvient toujours à me faire rire ; ce qui n'est pas difficile, il est vrai, une fois que je suis en train.

Ouf !... je voudrais être dans une île qui

ne fût qu'à moi ! Je ne suis pas bien, et cependant j'ai l'air d'être en bonne santé. Quelquefois, je le crains, je ne suis pas parfaitement sain d'esprit, et pourtant mon cœur et ma tête ont supporté plus d'un froissement. Et de quoi ont-ils à se plaindre maintenant ? Ils se minent, ils se rongent, et je suis malade, — malade ! « Je t'en prie, défais ce bouton. Pourquoi donc un chat, un rat, un chien, ont-ils de la vie », et *toi* pas, pas du tout ? A vingt-six ans, comme ils disent ! Eh ! mais, j'aurais pu, j'aurais dû être pacha à l'heure qu'il est. Je commence à être las du soleil !

Bonaparte n'est pas encore battu : il a payé Blücher de même monnaie, et l'a vigoureusement frotté et il a fait Schwartzemberg repic et capot. Voilà ce que c'est qu'avoir de la tête. Ma foi, s'il reprend le dessus, « Væ victis ! »

Lundi, 6 *mars.*

Mardi dernier j'ai dîné avec Rogers, madame de Staël, Mackintosh, Sheridan, Erskine, Payne ; lady Donegall et miss R. s'y trouvaient. Sheridan nous a raconté une très bonne histoire sur lui et le mouchoir de madame Récamier. Erskine nous a fait quelques contes, mais où il figurait tout seul. La *dame* dit qu'elle va faire un gros livre sur l'Angleterre ; je la crois. Elle m'a demandé ce que je pense de l'ouvrage de miss ***, intitulé *** ; je lui ai répondu (bien sincèrement) que je le trouvais fort mauvais pour *elle*, et au-dessous de tout ce qu'elle a fait. Ensuite, il m'est venu à l'idée que lady Donegall, comme Irlandaise, pourrait bien être la patronne du livre et de l'auteur, et je me repentis d'avoir dit mon opinion aussi crûment ; car j'ai une souveraine aversion pour tout ce qui peut mettre les gens mal avec eux-mêmes ou avec leurs protégés. Le dîner se passa à merveille, et le poisson était fort à mon goût ; mais nous quittâmes la table trop vite après les femmes ; et dame Corinne reste toujours si long-temps après la nappe ôtée, que nous ne pouvions nous empêcher de la souhaiter au salon.

C... est venu aujourd'hui, et pendant sa visite, Mérivale est entré. Dans la conversation, le premier s'est étendu sur la fadeur de l'article de la *Quarterly*, à propos de la correspondance de Grimm ; il ne se doutait pas qu'il parlait devant l'auteur. Moi qui étais dans le secret, je fis de mon mieux pour parler d'autre chose, et C. s'en alla, fermement persuadé qu'il avait fait l'impression la plus favorable sur sa nouvelle connaissance. Heureusement que Mérivale est d'un excellent caractère ; autrement Dieu sait ce qui eût pu résulter d'un tel à propos. Je ne le regardai pas une seule fois tant que cela dura, mais je me sentais rouge comme le feu, et j'étais au supplice, car j'aime Mérivale, et l'article en question me plaît assez. . . .

Invité chez lady Keith, demain soir. Je crois que j'irai ; mais c'est la première invitation de ce genre que j'aie acceptée de la *saison*, comme dirait le savant Fletcher. Un jour que le plus jeune fils de lady *** m'entama l'œil et la joue avec un caillou lancé au hasard : « Ne vous inquiétez pas, Milord, me dit-il, la cicatrice sera effacée avant la *saison* » : comme si l'œil ne comptait pour rien dans l'affaire.

Lord Erskine m'a donné sa fameuse brochure, avec des notes à la marge, et des corrections de sa main ; je l'ai envoyée pour être reliée magnifiquement, et je la garderai comme un trésor.

J'ai fait encadrer une belle gravure de Napoléon. L'empereur *sied* à ses robes, ou plutôt son costume impérial lui sied, comme s'il y eut été couvé, et y fût éclos.

7 *mars.*

Levé à sept heures, — prêt à huit et demie, — été chez M. Hanson ; — de là, à l'église avec sa fille aînée, bonne personne, et l'ai remise aux mains du comte de Portsmouth. La voilà bien et dûment comtesse. — J'ai félicité la famille et le marié ; — j'ai bu rasade d'excellent vin d'Espagne, à leur félicité, etc. ; — puis je suis revenu au logis. On voulait me retenir à dîner ; mais cela était impossible. A trois heures, j'ai été chez Philips poser pour des portraits. Entré chez lady M... elle me plaît si fort que j'y reste toujours trop long-temps. (*Mem.* : m'en corriger). J'ai passé la soirée avec Hobhouse. Il a commencé un poème qui promet beaucoup ; je voudrais qu'il le continuât. Entendu lire quelques extraits curieux de la *Vie de Morosini*, cet étourdi Vénitien, qui a fait sauter avec une bombe l'Acropolis d'Athènes. Le diable l'emporte pour sa peine ! J'ai pris envie de dormir, et je suis revenu me coucher ; — demain je dois voir Sheridan chez Rogers.

C'est une drôle de cérémonie que celle du mariage ! j'en ai vu grand nombre en pays étrangers, grecs, catholiques, et un en *Angleterre*, il y a bien des années. Dans le prologue — je veux dire l'exhortation, il y a quelques phrases étranges qui m'ont obligé de me tourner pour ne pas rire à la face de l'homme en surplis. J'ai fait une gaucherie — en joignant les mains de l'heureux couple, j'ai mis leur main gauche l'une dans l'autre, mais je m'en suis aperçu à temps, et j'ai rétabli les choses dans l'ordre ; puis je suis revenu en toute hâte à la balustrade de l'autel, dire *amen*. Portsmouth répondait comme s'il eût tout su par cœur : et même parfois il devançait le prêtre. Il est minuit, et...

Jeudi, 10 *mars.*

Mardi j'ai dîné avec Rogers, Mackintosh, Sheridan, Sharpe. La conversation était animée ; beaucoup de bons propos ; tous bons, tous, excepté mon pauvre petit babil. Le vieux temps a été passé en revue : Horne, Toske, les procès, la déposition de Sheridan et des anecdotes de cette époque, à laquelle je n'étais hélas ! qu'un enfant. Si j'eusse été homme alors, j'aurais été en Angleterre un lord Fitzgerald.

J'ai descendu et déposé Sheridan chez Brooke, — et, soit dit en passant, il n'aurait pas pu descendre lui-même ; car lui et moi nous étions les seuls buveurs. Sherry veut se mettre sur les rangs comme candidat pour Westminster, à la place de Cochrane. Brougham se présente aussi. Je crains pour notre pauvre ami Sherry ; tous deux possèdent de grands et très grands talents, mais le plus jeune a *encore* une réputation intacte ; nous verrons, s'il arrive à l'âge de Sherry, comment il traversera les rudes épreuves de la vie civile, et s'il pourra manier le fer chaud sans se brûler les mains. Je ne sais pourquoi, mais il me fait peine de voir les *anciens* décliner ; surtout Sheridan, malgré toute sa *malice*.

Lady Portsmouth, le père, la mère, tous m'adressent des compliments sans fin pour avoir arrangé le mariage. Je n'y ai pas regret ; elle a bien l'air comtesse, et de plus est très bonne fille. C'est étrange comme elle porte bien ses nouveaux honneurs ; on dirait une autre femme — et bien née. Je n'avais pas l'idée que je pusse faire une si bonne pairesse.

Je suis allé au spectacle avec Hobhouse. Mrs Jordan ne peut être surpassée dans Hoyden ; et Jones est passable dans *Foppington*. Quelles pièces. Que de sel et d'esprit ! hélas ! Congreve et Vanbrugh, voilà toute notre comédie. La société actuelle est trop insipide pour fournir de pareils modèles. J'ai refusé d'aller chez lady Keith. Hobhouse trouve cela étrange ; moi je suis étonné qu'il aime les assemblées. Si un homme est amoureux et, en dépit de certain commandement, convoite le bien du prochain, et le rencontre là, à la bonne heure, ce sont choses parfaites ; mais aller faire nombre dans le troupeau, sans motif, sans plaisir, sans but déterminé, par la mort ! on ne m'y prendra pas. Il m'a parlé d'un singulier bruit : « c'est que je suis, *moi*, le véritable Conrad, le vrai Corsaire de mon poème ; et l'on suppose que cette partie de mes voyages est restée secrète »... Hum ! les gens vont quelquefois bien près de la vérité, mais ne la devinent jamais tout entière. H. ignore ce que j'étais l'année où il quitta le Levant. Nul autre ne le sait ; — ni — ni — ni

— ainsi, c'est un mensonge ; mais je redoute ces équivoques de l'esprit malin qui, en mentant, singe la vérité.

Demain, je recevrai des lettres importantes. Laquelle ? ***, ou ***, ou ***... Oh !... *** réside dans mon cœur, *** dans ma tête, *** dans mes yeux, et celle qui n'est pas mariée, le ciel sait où ! Toutes écrivent et veulent qu'on leur réponde. Puisque je me suis remis en grâce avec moi-même, il faut m'y maintenir. Jamais je ne me suis abusé sur mon compte, quoique d'autres s'y soient trompés.

Aujourd'hui C*** est venu, au désespoir de ce que sa maîtresse a eu un caprice et pris une fantaisie de... Il a commencé une lettre pour elle, et est resté à moitié chemin. Je l'ai terminée ; il l'a copiée et fait partir. S'il tient bon, et suit mon conseil d'affecter de l'indifférence, elle baissera pavillon : sinon, il sera au moins débarrassé d'elle, et elle ne me semble pas fort à regretter. Mais le pauvre garçon est amoureux ; et dans ce cas, elle gagnera la partie. Une fois qu'elles connaissent bien leur pouvoir, « Finita è la musica ».

Je m'endors et vais me coucher.

Mardi, 5 *mars.*

Dîné hier avec R***, Mackintosh et Sharpe Sheridan n'a pu venir. Sharpe a raconté des anecdotes amusantes sur Henderson, l'acteur. Je me suis retiré tard, et j'avais bu tant de *thé* que je n'ai pu fermer l'œil jusqu'à six heures du matin. R*** prétend que je figurerai dans la prochaine *Revue*, tailladé au vif, je présume ; car ils nous détestent, nous autres jeunes gens ; n'importe ! En venant dîner, Sharpe passait devant la porte d'une de ces sociétés d'argumentateurs, où l'on s'exerce à la dispute, pour figurer plus tard à Westminster : il a vu affichés sur la muraille le nom de Scott et le mien : et « Lequel des deux est le meilleur poète ? » C'était la question du soir. Je suppose que tous nos écoliers en droit, et tous les avortons qui aspirent à être, auront fait bel emploi de nos rimes dans le cours de la controverse. Qui aura obtenu le plus grand nombre de suffrages ? Je l'ignore, et ne m'en inquiète guère ; mais l'association des deux noms me paraît chose flatteuse, — encore que je croie Scott digne de meilleure compagnie. W. et W., lord Erskine, lord Holland sont venus. J'ai écrit à *** le bruit qui court à propos du *Corsaire.* Elle prétend que cela ne l'étonne pas. « Conrad est si *ressemblant !* » Il est étrange qu'une personne qui me connaît aussi à fond me dise pareille chose en face ; et cependant si elle ne me reconnaît pas, personne ne peut me reconnaître.

Il paraît que Mackintosh a rédigé la défense qui a paru dans le *Morning Chronicle.* S'il en est ainsi, c'est de sa part une extrême bonté — et plus que je n'aurais pris la peine de faire pour moi-même.

J'ai chargé Murray de ne pas laisser échapper les *Nouvelles italiennes* de Bandello, à la vente de demain : ce sera pour moi *pain bénit.* Lu une satire intitulée : « L'Anti-Byron », et dit à Murray de la publier si cela lui faisait plaisir. Le but de l'auteur est de prouver que je suis un athée, un conspirateur systématique contre les lois et le gouvernement. Il y a quelques bons vers ; quant à la prose, je ne la comprends pas parfaitement. Il affirme que mes œuvres empoisonnées et malfaisantes ont produit sur la société un effet qui exige, etc., etc., etc., et qui la force aussi sans doute d'infliger ses rimes au public. C'est un poème rempli de longueurs, avec une longue préface et un titre harmonieux. Comme la mouche de la fable, il paraît que je me suis perché sur le rayon d'une roue, qui fait force poussière ; mais il y a cette différence de moi à la mouche, que je ne me figure pas être la cause du tourbillon.

Une lettre de *Bella* ; j'y ai répondu. Si je n'y prends garde, je redeviendrai amoureux d'elle.

Bientôt je me ferai un système régulier de lectures.

Jeudi, 17 *mars*.

J'ai boxé avec Jackson ce matin pour faire de l'exercice. Je veux continuer, et me remettre en haleine. La poitrine, les bras, les poumons, sont en bon état ; et je n'ai pas trop d'embonpoint. Autrefois je frappais ferme, et mes bras sont très longs pour ma taille de cinq pieds et huit pouces et demi (cinq pieds trois pouces de France). L'exercice ne peut que me faire du bien, et je n'en connais pas de plus violent. L'escrime à l'épée et au sabre ne me fatigue pas la moitié autant.

J'ai lu les *Querelles des auteurs* (autre genre de *pugilat)* ; c'est un ouvrage nouveau de l'amusant et érudit Israéli. Toute la confrérie me semble fort irascible. Et je souhaite de pouvoir m'en tirer sans mésaventure. Assurément, je ne traverserai pas la place de Coventry en leur compagnie ; c'est bien décidé ! Pourquoi diable aussi me suis-je mêlé d'écrire ? Question tardive, repentir inutile. Mais si c'était à refaire... J'écrirais encore, je gage. Telle est la nature humaine, ou du moins ce qui m'en est échu en partage. — Cependant j'aurais meilleure opinion de moi, si j'avais assez de sens pour m'arrêter à présent. Si jamais je prends femme, et que cette femme ait un fils, n'importe de qui, je veux que mon *héritier* soit élevé de la manière la plus antipoétique. J'en ferai un homme de loi, un pirate, ou rien. Mais s'il s'avise d'écrire aussi, — je le renie pour mon sang, je le déshérite ; un billet de banque sera son partage. Trois heures ! il faut que j'écrive.

Dimanche, 20 *mars.*

J'avais dessein d'aller chez lady Hardwich ; mais j'ai changé d'idée. Toujours je commence ma journée avec certaine disposition à passer ma soirée dans le monde ; et à mesure que le moment approche, la fantaisie passe et je ne sors pas ; quand il m'arrive de le faire, je m'en repens toujours. La réunion cependant pouvait être agréable ; au moins la maîtresse de la maison est une femme très supérieure. Demain chez lady Lansdowne, mercredi chez lady Heathcote. Hum ! un coup d'éperon pour aller à l'une ou à l'autre soirée, — autrement cela passera pour grossièreté, et il vaut mieux faire comme tout le monde. Je les voudrais au diable !

J'ai lu Machiavel, quelques passages de Chardin, de Sismondi et de Bandello, mais sans suite ; lu aussi le quarante-quatrième numéro de la *Revue d'Edimbourg* qui vient de paraître. Au commencement de l'article sur le roman de miss Edgeworth, intitulé *Patronage*, on m'y fait un fort beau compliment. Je ne sais s'il me sera profitable, mais il fait honneur à l'éditeur, qui m'a jadis si mal traité. On consent bien à rétracter la louange ; mais il n'y a qu'un cœur généreux qui révoque sa censure ou qui puisse se résoudre à louer l'homme qu'il a une fois attaqué. Depuis mon retour en Angleterre, j'ai souvent entendu ceux qui connaissent Jeffrey vanter ses qualités indépendamment de ses talents. Je l'admire de ce qu'il vient de faire, non parce qu'il *m'a loué* (j'ai été alternativement si loué et si blâmé, que l'habitude m'y a rendu aussi indifférent qu'un homme peut l'être à vingt-six ans), mais parce qu'il est peut-être le seul qui, dans nos relations l'un vis-à-vis de l'autre, aurait eu assez de libéralité et de largeur pour en agir ainsi : rien qu'une grande âme n'eût osé prendre un tel parti. La hauteur à laquelle il est parvenu, ne lui a pas tourné la tête ; un petit écrivailleur aurait continué à être amer et à vouloir trouver faute jusqu'au bout. Quant à la justesse du panégyrique, c'est affaire de goût ; il ne manquera pas de gens disposés à la mettre en doute, et qui saisiront l'occasion avec plaisir.

J'ai eu aujourd'hui la visite de lord Erskine. Son projet est d'étendre ses réflexions sur la guerre, ou plutôt sur les guerres, jusqu'à l'époque présente ; et j'espère qu'il l'exécutera. Il faut que j'envoie chez Murray pour faire demander la brochure que j'ai donnée à relier : lord Erskine m'a promis d'y faire des corrections, et d'y ajouter quelques notes à la marge. Toute chose de sa main sera un trésor auquel chaque année ajoutera un nouveau prix. Il se fait une haute idée de l'histoire promise par Mackintosh ; certainement ce sera un ouvrage classique, quand il sera fini.

J'ai boxé de nouveau hier matin avec Jackson, et j'en ferai autant demain. Je m'en trouve mieux, plus dispos et plus gai ; quoique mes bras et mes épaules en conservent de la roideur. *Mem.* : assister au dîner du pugilat, présidé par le marquis de Huntley.

Lord Erskine pense que les ministres seront obligés de se retirer. Tant mieux pour lui. Pour moi, peu m'importe qui entre en charge ou qui en sort. Il nous faut *quelque chose* de plus qu'un changement de ministère, et le jour viendra où nous l'obtiendrons.

Je me rappelle qu'en allant de Chrisso à Castri (Delphes), sur les flancs du Parnasse, je vis douze aigles prendre leur volée. Il est rare d'en voir plusieurs ensemble, et ce fut le nombre, non l'espèce, assez commune, qui excita mon attention.

Le dernier oiseau que j'aie visé, c'était un *aiglon*, sur les bords du golfe de Lépante, près de Vostitza. Il n'était que blessé, et j'essayai de le sauver ; son œil était si brillant !

mais il languit pendant quelques jours, et mourut. Jamais depuis je n'ai tenté, et jamais je ne tenterai de tuer un autre oiseau. Je m'étonne ce qui m'a remis en tête ces deux circonstances à présent. Je lisais Sismondi, et il n'y a rien qui dût amener pareil souvenir.

Je suis tout épris de Braccio de Montone, Giovanni, Galeazzo et Ezzelino. Mais ce dernier n'est pas Bracciaferro, comte de Ravenne, dont je veux suivre l'histoire. Il y a dans Lavater une belle gravure de *ce dernier*, Ezzelin, d'après un portrait par Fuzely ; il est penché sur le corps de Meduna, punie par lui d'une *lacune* de constance pendant qu'il était à la croisade. Il a bien fait ; mais je voudrais en savoir plus long sur son histoire.

Mardi, 22 *mars*.

Hier soir, chez Lansdowne. Ce soir, chez lady Charlotte Greville : déplorable perte de temps, sans compter que l'humeur s'en altère. Nul échange d'idées ; nulle acquisition ; bavardage insignifiant. Si quelque chose approchant d'une *pensée* occupait mon esprit, c'était sans aucun rapport avec les sujets de ce fade commérage. Ouf ! et c'est cependant ainsi que la moitié de Londres passe ce qu'on appelle la vie ! Demain, c'est chez lady Heathcote. Irai-je ? oui ; — pour me punir de vivre sans but.

Voyons ! qu'ai-je vu ? La seule personne qui m'ait frappé, c'est la fille aînée de lady S...d. On dit qu'elle n'est *pas* jolie. Je ne sais : tout ce qui plaît est joli. Il y a en elle quelque chose qui ressemble à une âme ; — elle change de couleur, rougit et pâlit ; puis dans tous ses mouvements il y a cette réserve cette suppliante timidité de la gazelle ! aussi elle attira mon attention plus que toutes les autres femmes présentes ; et mes yeux restèrent attachés sur elle jusqu'à ce qu'il me vint à l'idée qu'elle pouvait le remarquer et en éprouver de l'embarras. Après tout, il pourrait bien y avoir dans tout ceci quelque association d'idées. C'est une amie d'Augusta, et tout ce que cette dernière aime, je ne puis me défendre de l'aimer.

Sa mère, la marquise, a causé avec moi pendant quelques instants. J'ai été vingt fois sur le point de la prier de me présenter sa *fille* ; mais je me suis arrêté tout court. Cela vient de cette tracasserie avec les Carlisle.

Le comte Grey m'a parlé en plaisantant d'un paragraphe du dernier *Moniteur* qui compte parmi les symptômes de révolte, la *sensation* que firent dans toutes les gazettes du gouvernement, mes vers à l'occasion des *pleurs* de la princesse Charlotte. Seulement il s'amusait à faire d'une épigramme un roman (notez qu'il n'y a d'épigramme ici que dans le strict sens du mot grec). Comment le *Courrier* et autres journaux, n'ont-ils pas traduit et commenté ce précieux paragraphe du *Moniteur ?*

La princesse de Galles a commandé à Fuzely un tableau tiré du Corsaire, en lui laissant le choix du sujet : du moins à ce que me dit M. Loche. Fatigué, harassé, égoïste et endormi. — Il faut que j'aille me coucher. *Roman* ou *romance* signifie quelquefois une chanson, comme en espagnol ; c'est peut-être là ce que veut dire le *Moniteur*, à moins qu'il n'ait confondu avec le *Corsaire.*

28 *mars.*

Ce soir pris possession de mes nouveaux appartements, pour lesquels j'ai un bail de sept ans ; ils sont vastes ; j'ai de la place pour mes livres et mes armes, et dans la maison même, ce qui est un avantage. Ces derniers jours, ou plutôt toute la semaine, j'ai été extrêmement sobre, très régulier dans mes exercices, et cependant pas du tout à mon aise.

Hier, dîné tête à tête avec Scrope Davies, à la taverne. Nous sommes restés depuis six heures jusqu'à minuit. Nous avons bu entre nous une bouteille de champagne et six de bordeaux : deux sortes de vins qui ne me font jamais mal. J'ai offert à Scrope de le reconduire dans ma voiture. Mais nos libations avaient agi sur sa tête et son cœur ; et j'ai été obligé de le laisser dans un accès de dévotion à genoux priant je ne sais qui, pour obtenir je ne sais quoi. Point de douleur de tête, pas de malaise cette nuit, ni aujourd'hui. Je me suis levé peut-être un peu plus tôt que de coutume. Boxé avec Jackson *ad sudorem*, et me voilà mieux portant que je ne l'ai été depuis longtemps. Pas de nouvelles de Scrope. Hier, je lui ai payé 4.800 liv. ster. que je lui devais depuis assez long-temps, et que j'aurais désiré payer plus tôt. Mon esprit est plus à l'aise maintenant que cette dette est acquittée.

Augusta a envie que je me réconcilie avec lord Carlisle. Tous ceux qui m'en ont parlé ont été repoussés ; mais à elle je ne puis rien refuser ; ainsi il faudra en venir là, quoique j'aimasse autant boire du verjus ou manger du crocodile. Récapitulons : Ward, les Holland, les Lamb, Rogers, etc., etc., et bien d'autres ont plus ou moins tenté depuis deux ans d'accommoder cette querelle. Je rirai bien si Augusta réussit.

J'ai lu un peu sur différents sujets. Demain j'arrangerai mes livres. Heureusement cette pièce les contiendra tous, et il y restera encore assez de place pour les visions d'enfer et les caractères de feu du festin de Balthasar. Il faut que je me trouve bientôt quelque occupation : mon cœur recommence à se ronger.

8 *avril.*

Six jours d'absence ; à mon retour, je trouve ma pauvre petite idole, Napoléon, à bas de son piédestal. Les voleurs sont dans Paris. C'est sa faute. Nouveau Milon, il a voulu fendre le chêne ; mais l'arbre s'est refermé, et ses bras y sont restés pris. A votre tour maintenant, bêtes féroces, — lion, ours, et toi aussi, dégoûtant chacal, mettez-le en pièces, vous le pouvez ! cet hiver de Moscou lui a lié les bras ; toujours, depuis, il a combattu des pieds et des dents. Celles-ci peuvent encore laisser des traces profondes, et je devine, comme disent les Yankees qu'il leur jouera encore quelque tour. Il est sur leurs derrières ; enre eux et leurs pays. Y retourneront-ils ?

Samedi, 9 *avril* 1814.

Jour mémorable !

Napoléon Bonaparte a abdiqué le trône du monde. A merveille ! Il me semble que Sylla fit mieux ; car il se vengea, et ce fut du haut de son pouvoir qu'il le résigna, rouge du sang de ses ennemis : exemple le plus illustre du plus glorieux mépris pour les hommes sans cœur. Dioclétien s'en tira bien aussi ; Amurat pas mal, s'il fût devenu toute autre chose qu'un derviche ; — Charles-Quint, médiocrement... mais Napoléon, pire qu'eux tous. Quoi ! attendre qu'*ils* soient dans sa capitale, et parler alors de sa disposition à abandonner ce qui n'est plus à lui ! ! ! « N'es-tu donc qu'un moine pleureur, — un saint imposteur ? » par la mort ! Denys à Corinthe était encore roi, à côté de lui. L'île d'Elbe pour retraite ! Encore, si c'eût été Caprée, je m'en étonnerais moins. Je le vois, « l'âme de l'homme n'est qu'une parcelle de sa fortune ». Je suis éperdu, confondu.

Je ne sais, — mais il me semble que *moi*, — même *moi*, chétif insecte comparé à cette créature, j'ai hasardé ma vie sur des coups qui n'avaient pas la millionième chance de ceux de cet homme. Après tout, peut-être une couronne ne vaut-elle pas la peine qu'on meure pour elle ; et cependant survivre à Lodi pour en venir là ! ! ! Oh ! que Juvénal ou Johnson pussent sortir de leur tombe ! *Expende — quot libras in duce summo invenies ?* Je savais qu'ils pesaient peu dans la balance de la mort, mais je croyais que leur poussière vivante était d'un autre poids. Hélas ! ce diamant impérial a une paille, et n'est plus bon que pour le poinçon du vitrier. La plume de l'historien ne l'estimera pas un ducat.

Pouah ! c'est trop y songer ; mais je ne veux pas l'abandonner encore, bien que tous ses admirateurs se soient détachés de lui, et que comme Macbeth, il soit resté seul au milieu de ses nobles.

10 *avril.*

Je ne trouve pas que je sois plus heureux dans l'isolement ; mais, ce dont je suis sûr, c'est que jamais je ne reste longtemps dans la société, même de la femme que j'aime, sans bientôt (j'en prends Dieu à témoin, lui qui ne le sait que trop, et l'esprit infernal qui probablement ne l'ignore pas), sans dis-je, soupirer après ma lampe et ma bibliothèque sans ordre et toute bouleversée. Même au milieu du jour je renvoie ma voiture plus souvent que je n'en use ou n'en abuse. *Per esempio*, voici quatre jours entiers que je n'ai mis le pied hors de l'appartement ; mais tous les jours je me suis exercé avec Jackson, les fenêtres ouvertes, afin d'atténuer mon corps, et de ranimer la partie éthérée de mon être. Plus la fatigue a été forte, mieux je suis disposé pour le reste du jour, et mes soirées s'écoulent alors dans ce tranquille anéantissement de langueur qui fait mes délices. Aujourd'hui j'ai boxé une heure, écrit une ode à Napoléon Bonaparte, l'ai mise au net, ai mangé six biscuits, bu quatre bouteilles d'eau de Soda, lu le reste du temps. De plus, j'ai donné à ce pauvre *** tous les avis imaginables relativement à sa diable de maîtresse, qui le tourmente et le plonge dans un ennui mortel. Il me va bien en vérité à moi de débiter de beaux sermons là-dessus. N'importe, mes conseils n'y font ni chaud ni froid.

19 *avril* 1814.

Il y a de la glace aux deux pôles, au sud comme au nord. Tous les extrêmes se touchent. L'extrême misère est pour les plus élevés comme pour les plus abjects, — pour l'empereur et pour le mendiant ; l'un privé de son dernier sou, l'autre de son trône. Il y a, il est vrai, un maudit et insipide milieu, une ligne équinoxiale : Personne ne sait où, excepté sur les cartes.

Et tous les jours qui ont eu un lendemain ont éclairé des dupes dans leur route vers la mort. »

J'abjure dès aujourd'hui la continuation de ce journal, qui porte la lumière d'une torche sur mes actions de la veille et, de crainte d'être tenté de retourner comme un chien à ce que ma mémoire a vomi, j'arrache le reste des feuilles de ce cahier, et j'écris en *ipécacuanha* « qu'il y a eu restauration ! » Pends-toi, philosophie ! assurément depuis longtemps j'étais plein de mépris pour moi et pour la race humaine ; mais jusqu'ici, jamais je n'avais craché à la face de mon espèce.

O insensé ! j'y perdrai la raison !

JOURNAL DE 1821

Ravenne, 4 *janvier* 1821.

Une pensée soudaine me frappe. Je veux commencer un nouveau journal. J'ai tenu le dernier en Suisse ; c'était le récit d'une excursion dans les Alpes bernoises : je le fis en 1816 pour l'envoyer à ma sœur, et je suppose qu'elle l'a encore, car elle m'a écrit qu'il lui avait fait plaisir. Dans la même année, j'en donnai un autre, plus long, à Thomas Moore ; je l'avais tenu en 1813 et 1814.

Ce matin, je me suis levé tard, comme de coutume. — Mauvais temps, — aussi mauvais qu'en Angleterre, — pire. La neige de la semaine dernière fondant sous le sirocco d'aujourd'hui, de sorte que c'était deux damnées choses à la fois. — Pas même pu monter à cheval pour aller à la forêt : — resté chez moi toute la matinée, à regarder le feu, et à m'étonner que la poste n'arrivât pas. Le courrier n'est venu qu'à l'*Ave Maria*, au lieu d'être ici à une heure et demie. Six journaux de Galignani, — une lettre de Faenza ; rien d'Angleterre. Très humoriste en conséquence (car je comptais sur des lettres), et fait par suite un copieux dîner ; quand je suis vexé javale plus vite, — très peu bu.

J'étais abattu ; — parcouru les journaux, — pensé à ce qu'est la *gloire* en lisant, dans un procès pour meurtre, que M. Wych, épicier, à Tunbridge, vendit un peu de lard, de farine, de fromage et, à ce que l'on croit, quelques prunes à une bohémienne, gravement inculpée. Il avait sur son comptoir (je cite textuellement) un livre, la vie de *Paméla*, qu'il *déchirait* pour envelopper ses marchandises, etc., etc., dans le fromage fut trouvé, etc., etc., et dans une *feuille* de *Paméla était roulé le lard*. Qu'aurait dit Richardson, le plus vain et le plus heureux des auteurs *vivants* (c'est-à-dire tant qu'il vécut), lui qui, avec Aaron Hill, avait coutume de prophétiser en s'en réjouissant la chute présumée de Fielding, l'Homère en prose de la nature humaine, et de Pope, le plus beau des poètes,

— qu'aurait-il dit, bon Dieu ! s'il eût pu suivre ses pages de leur place d'honneur sur la toilette d'un prince français (voyez le *Johnson* de Boswell), jusqu'au comptoir de l'épicier, et au sale lard de la bohémienne *assassine ! ! !*

Qu'eût-il dit ? Et que dire sinon ce que Salomon a dit longtemps avant nous ? Après tout, ce n'est que changer de comptoir, de celui du libraire à celui de tout autre marchand,. — épicier ou pâtissier. Pour ma part, j'ai vu force poésies servir de doublure aux malles, de sorte que je suis porté à considérer le bahutier comme le croque-mort de la gent poétique.

Ecrit en une demi-heure cinq lettres, courtes et furieuses, à tous mes faquins de correspondants. La voiture est arrivée. Entendu parler de trois meurtres commis à Faenza et à Forli : un carabinier, un contrebandier et un procureur, tous tués la nuit passée. Les deux premiers dans une querelle, le dernier avec préméditation.

Il y a trois semaines, — presque un mois, — c'était le 7, — que je ramassai dans la rue le commandant mortellement blessé ; il mourut chez moi : assassins inconnus, mais politiques, à ce que l'on présume. Ses frères m'ont écrit de Rome hier soir pour me remercier de l'avoir secouru dans ses derniers moments. Pauvre diable ! c'est dommage ; il était bon militaire mais imprudent. Ils l'ont tué à huit heures du soir. Nous entendîmes le coup : j'y courus avec mes domestiques, et le trouvai expirant de cinq blessures, dont deux mortelles. Je l'examinai, mais n'assistai point à la dissection le lendemain.

Voiture à huit heures ou environ, — été visiter la comtesse Guiccioli. — Elle jouait du piano, — causé jusqu'à dix heures ; le comte son père, et le non moins comte son frère, sont revenus du théâtre. On donnait le *Filippo* d'Alfieri, qui a été bien accueilli.

Le roi de Naples a passé par Bologne, il y a deux jours, se rendant au congrès. Mon domestique Luigi en a apporté la nouvelle. Je l'avais envoyé à Bologne chercher une lampe. Comment cela finira-t-il ? Le temps nous l'apprendra.

Rentré à onze heures ou un peu avant. Si la route et le temps s'humanisent, je monterai à cheval demain. Temps détestable, — presque une semaine de bourrasque ; — de la neige et le sirocco, un jour — de la glace et de la neige le lendemain, — triste climat pour l'Italie. Mais ces deux saisons, la dernière et celle-ci, sont extraordinaires. Lu une *Vie de Léonard de Vinci*, par Rossi — rêvassé, — écris ceci, et vais m'aller coucher.

5 *janvier* 1821.

Levé tard, — lourd et abattu, — le temps humide et brumeux : petite pluie. Neige sur terre, sirocco en haut, dans le ciel, comme hier. Sur les routes, le cheval enfonce jusqu'au ventre, de sorte que se promener (du moins pour son plaisir) n'est pas chose faisable. Ajouté un postscriptum à ma lettre pour Murray. Lu la conclusion pour la cinquantième fois (j'ai lu tous les romans de Walter Scott au moins cinquante fois) de la troisième série des *Contes de mon Hôte*, grand et bel œuvre ! — Fielding de l'Écosse, autant que grand poète anglais, — homme merveilleux ! J'aspire de toute mon âme à me griser avec lui.

Dîné vers six heures. Oublié qu'il y avait un plum-pudding (j'ai, dernièrement, ajouté la gourmandise à toute ma famille de vices), et j'avais fini quand on l'a apporté. Bu une demi-bouteille d'esprit — je ne sais de quelle sorte, probablement d'esprit de vin ; car ce qu'on appelle ici eau de vie, rhum, etc., n'est autre chose que de l'esprit de vin, coloré en conséquence. N'ai pas touché à deux pommes placées devant moi en guise de dessert. Donné à manger aux deux chats, au faucon et à la corneille apprivoisée, mais non *apprivoisable*. Lu l'Histoire de la Grèce de *Mitford* : — la *Retraite des Dix mille* de Xénophon. Debout encore à ce moment, écrivant à huit heures du matin moins six minutes ; — heures françaises non italiennes.

Entendu venir la voiture, demandé mes pistolets et mon carrick, comme de coutume, — précautions nécessaires. Temps froid, — voiture découverte, — et les habitants tant soit peu farouches, volontiers traîtres, et grandement enflammés par la politique. Beaux hommes, néanmoins, — bons matériaux pour créer une nation. Du chaos Dieu tira le monde ; c'est au sein des fortes passions que s'engendre un peuple.

L'heure sonne, — sorti pour faire l'amour ; passe-temps assez périlleux, mais point désagréable. Mémorandum — fait mettre aujourd'hui un paravent neuf. Il est un peu antique, mais aura encore bon air avec quelques réparations.

Le dégel continue, — il y a espérance de pouvoir monter à cheval demain. Envoyé les journaux à All***, — de grands événements se préparent.

Onze heures neuf minutes. Visité la comtesse G., l'ai trouvée commençant ma lettre en réponse aux remercîments d'Alessio del Pinto de Rome, frère du pauvre commandant que j'assistai à sa dernière heure : j'avais prié Thérèse de me faire un brouillon en italien pur, étant ultra-montain, et peu habile dans la diction étudiée du toscan. Coupé court à la lettre ; — elle finira un autre jour. Parlé de l'Italie, de patriotisme, d'Alfieri, de Mme Albany et autres branches de la science ; aussi de la conspiration de Catilina, par Salluste, et de la guerre de Jugurtha. A neuf heures, est arrivé son frère, il *conte* Pietro ; à dix heures, il conte Ruggiero.

Causé de différentes manières de faire la guerre, — de la façon dont les Hongrois et les montagnards Écossais se servent de l'espadon, genre d'escrime à laquelle j'étais autrefois passé maître. Décidé que la Révolution éclatera le 7 ou 8 mars : y croirais s'il n'eût été déjà convenu qu'elle éclaterait en octobre 1820. Mais les gens de Bologne lâchèrent pied et plantèrent là ceux de la Romagne.

« C'est tout un pour Ranger. » Il ne faut pas se faire difficile, mais prendre une révolte quand elle se rencontre sur notre chemin. — Revenu au logis : lu encore des *Dix mille*, et vais me coucher.

Mem : donné ordre à Fletcher (à quatre heures cette après-midi) de copier sept ou huit apophthegmes de Bacon, dans lesquels j'ai découvert de telles bévues, qu'un écolier pourrait plutôt les signaler que les commettre. Voilà pourtant les sages ! Que sont-ils, puisque moi et mes pareils tombons tout d'abord sur leurs méprises et erreurs ? Je vais me coucher, car je m'aperçois que je deviens cynique.

6 *janvier* 1821.

Brouillard, — dégel, — glissade, pluie. — Pas moyen de bouger à pied ou à cheval. Lu les anecdotes de Spencer. Pope, galant homme, comme je l'avais toujours pensé. — Relevé des bévues dans *neuf* apophthegmes de Bacon, — toutes erreurs historiques, — et lu la Grèce de Mitford. Composé une épigramme. Lu un passage de Ginguené, — dito, du Lope de Vega par Lord Holland : puis une note pour *Don Juan*.

A huit heures sorti pour visite. Entendu un peu de musique, — j'aime la musique. Parlé avec le comte Pietro G. du comédien italien Vestris, qui est maintenant à Rome, — l'ai vu souvent jouer à Venise, — bon acteur, — très bon. Tant soit peu maniéré ; mais excellent dans la force ainsi que dans le pathétique sentimental. Il m'a fait souvent rire et pleurer, ce qui n'est pas chose facile à faire à présent, du moins pour un acteur.

Réfléchi à la situation des femmes sous les anciens Grecs, — assez commode. Leur état actuel n'est qu'un reste des temps barbares de la chevalerie et de la féodalité, — artificiel, hors nature. Elles devraient s'en tenir au ménage, — être bien nourries, bien vêtues, mais ne se point mêler à la société. Etre bien élevées aussi, religieusement s'entend, — mais ne lire poésies ni politique, — rien que des livres de piété et de cuisine. La musique, — le dessin, la danse, — aussi un peu de jardinage, et même de labourage de temps à autre. Je les ai vues repaver les routes en Epire avec grand succès. Pourquoi pas, aussi bien que traire et faire les foins ?

Revenu chez moi, lu encore du Mitford, et joué avec mon mâtin, — lui ai donné à souper. Refait l'épigramme, mais conservé le tour. Ce soir, au théâtre, un prince paraissait assis sur son trône dans la dernière scène de la pièce, — l'auditoire a ri, et lui a demandé une *constitution.* Cela, et les assassinats, montrent où en est l'esprit public ici. Les choses n'en peuvent rester là. — Il faut qu'il y ait une République universelle : — il le faut et ce sera.

La corneille est boîteuse ; — je ne conçois pas ce qui a pu lui arriver, — quelque sot aura marché sur sa patte, je suppose. Le faucon assez vif, — les chats gras et bruyants, — pour les singes, je ne les ai pas vus depuis qu'il fait froid, les changer de lieu leur fait mal. Les chevaux doivent être en gaîté, — les monterai dès que le temps le permettra. Diablement maussade encore ; — un hiver italien est une triste chose, mais toutes les autres saisons sont délicieuses.

Quelle est donc la raison qui fait que j'ai été toute ma vie plus ou moins *ennuyé,* et que, s'il y a différence, je le serais plutôt moins que je ne l'étais, autant qu'il m'en souvient, à l'âge de vingt ans. Je ne sais comment répondre à cela, mais je présume que c'est affaire de constitution, — aussi bien que de m'éveiller triste, ce qui m'arrive invariablement depuis nombre d'années. Ma sobriété et l'exercice auquel je me suis livré, à diverses reprises, et longtemps de suite, rigoureusement et violemment, y avait peu ou rien changé : les violentes passions l'ont fait. — Chose étrange ! — quand j'étais sous leur influence immédiate, j'étais agité, *non* abattu.

Une dose de sels produit sur moi l'effet d'une ivresse momentanée, comme du champagne mousseux. Mais le vin et les esprits me rendent sournois et sauvage jusqu'à la férocité, — silencieux, pourtant, et plus porté à me retirer qu'à quereller, si l'on ne me parle pas. Nager remonte aussi mes esprits, — mais en général, ils sont abattus, et baissent chaque jour davantage. Le cas est désespéré ; car je ne crois pas être, à beaucoup près, aussi *ennuyé* que je l'étais à dix-neuf ans. La preuve en est qu'alors il me fallait jouer, boire, ou me donner un mouvement quelconque, sans quoi j'étais misérable. A présent, je puis rêver tristement en repos, et aime mieux être seul qu'avec n'importe qui, excepté la dame que je sers. Mais je sens quelque chose qui me fait penser que si jamais j'atteins la vieillesse, « je mourrai d'abord par en haut », comme Swift. Seulement l'idiotisme ou la folie ne m'inspirent pas tant de terreur qu'à lui. Au contraire, je pense que les degrés paisibles de ces deux maladies doivent être préférables à beaucoup de ce que les hommes appellent être en possession de son bon sens.

7 *janvier* 1821, *dimanche.*

Encore de la pluie, — du brouillard, — de la neige, — et toutes les incalculables combinaisons d'un climat où le chaud et le froid luttent sans cesse à qui aura le dessus. Lu Spencer, et feuilleté Roscoe, pour y chercher un passage que je n'ai pas trouvé. Lu le quatrième volume de la seconde série des *Contes de mon hôte.* Dîné. — Lu la gazette de Lugano. Lu — j'oublie quoi. A huit heures été aux conversazioni, rencontré la comtesse Gertrude, Betti V., avec son mari et autres. Jolie femme, à œil vif et noir, — n'a que vingt-deux ans, — même âge que Thérèse, qui est plus jolie néanmoins.

Le comte Pietro G. m'a pris à part pour me dire que les patriotes ont reçu avis de Forli (ville à vingt milles d'ici) que ce soir le gouvernement et son parti voulaient frapper un grand coup ; que le cardinal a reçu ordre de faire de suite plusieurs arrestations, et qu'en conséquence les Libéraux s'arment, et ont aposté des patrouilles dans les rues pour sonner l'alarme, et donner avis de se défendre.

Il m'a demandé ce qu'il fallait faire : — j'ai répondu, « se battre plutôt que se laisser prendre en détail », et j'ai offert, si quelques-uns d'entre eux se trouvaient en danger immédiat d'être arrêtés, de les recevoir dans ma maison (qui est en état de soutenir un siège), et de nous y défendre, avec mes domestiques et eux-mêmes (nous avons des armes et des munitions), aussi longtemps que nous pourrons, — ou d'essayer de les faire évader à la faveur de la nuit. En retournant au logis, j'offris au comte les pistolets que j'avais sur moi, — mais il refusa, et me dit qu'il me viendrait trouver en cas d'accidents.

Il s'en faut d'une demi-heure qu'il ne soit

minuit, et il pleut ; comme dit Gilbert, « belle nuit pour leur entreprise, — une obscurité d'enfer, un vent du diable ! » Si l'émeute n'a pas lieu *à présent*, elle ne tardera pas. Je pensais bien que leur système de tirer sur les gens finirait par amener une réaction, — il semble que la voilà venue. Je ferai ce que je pourrai en qualité de combattant, quoiqu'un peu rouillé. La cause est bonne.

Tourné et retourné une dizaine de livres pour y chercher le passage en question, sans pouvoir le trouver. — J'écoute, croyant de minute en minute entendre le tambour et la fusillade (car ils ont juré de résister, et ils ont raison) ; mais je n'entends rien... rien que la pluie qui tombe goutte à goutte, et les bouffées du vent qui souffle par intervalles. — Ne me soucie pas de me coucher, parce que je déteste qu'on me réveille, et j'aime mieux être tout prêt pour la fête, — si tant est qu'il y en ait une.

Ravivé le feu, — mis mes armes à portée, — et un ou deux livres que je feuilleterai. — Je ne sais rien de *leur* nombre, mais je pense que les Carbonari sont assez forts pour battre les troupes, même ici. Avec vingt hommes cette maison peut tenir vingt-quatre heures contre toutes les forces qu'on pourrait assembler pendant ce temps : or, en vingt-quatre heures, le pays serait averti et se soulèverait, — si jamais *ils se* soulèvent, ce dont j'entretiens quelques doutes. En attendant, je puis aussi bien lire que faire toute autre chose, puisque je suis seul.

8 *janvier* 1821, *lundi.*

Levé, et trouvé le comte P. G. dans mes appartements : renvoyé le domestique ; le comte m'a dit, d'après de nouveaux renseignements, que le gouvernement n'avait point donné ordre de faire les arrestations que l'on craignait ; — qu'à Forli l'attaque n'avait point eu lieu, bien que projetée par les Sanfedisti, — adversaires des Carbonari ou Libéraux, — et que jusqu'ici, on n'en était encore qu'aux appréhensions. M'a demandé quelques-unes de mes meilleures armes, que je lui ai données. Convenu qu'en cas de troubles, les Libéraux se réuniraient *ici* (chez moi) : il avait déjà donné le mot à Vincenzo G... et aux autres *Chefs*. Lui et son père vont aller chasser dans la forêt ; mais Vincenzo G.

doit venir me trouver, et dépêcher un exprès à P. G. s'il se passe quelque chose. Concentré nos opérations ; ils doivent s'emparer de... mais peu importe.

Je leur ai conseillé d'attaquer en détail, et par groupes séparés, sur différents *points* (mais en *même* temps), de manière à diviser l'attention des troupes qui, étant bien disciplinées quoique peu nombreuses, viendraient vite à bout d'une masse de peuple dans un combat régulier, — à moins d'être dispersées en petits détachements et déconcertées par plusieurs attaques. Offert de se rassembler ici, s'ils veulent. C'est un poste assez fort, dans une rue étroite, commandée de l'intérieur, et les murs sont en état de tenir.

Dîné ; essayé un habit neuf. Lettre à Murray, envoyé une correction des apophthegmes de Bacon, et une épigramme — cette dernière *pas* pour la publication. A huit heures, été chez Thérèse, comtesse G...

A neuf heures et demi, le comte P. et le comte P. G. sont arrivés. Parlé d'une certaine proclamation lancée depuis peu. Le comte P. G. était allé trouver *** (le ***) pour le sonder sur les arrestations. *** est un *habile* qui nage entre deux eaux, et, pour le moment, donne les cartes des deux mains. S'il n'y prend garde, il aura fort à faire. *** prétend donc (je me défie de lui — *eux*, pas — nous verrons) qu'il n'y a pas de tels ordres, et il me semble ébranlé par les immenses efforts des Napolitains, et l'exaspération de nos Libéraux ici. Le fait est qu'il ne s'inquiète guère au fond que de sa place (qui est bonne) et qu'il désire se maintenir en bonne intelligence avec les deux partis. A ma connaissance, car il correspond avec moi, il a changé d'opinion trente fois les trois dernières lunes. Mais ce n'est point un garçon sanguinaire, il n'est qu'avare.

Il paraît que, pour l'instant, (comme dit Lydia Languish), il n'y aura ni enlèvement, ni soulèvement après tout. Si du moins je l'avais su hier soir, ou plutôt ce matin, — j'y aurais gagné deux heures de sommeil. Et cependant je ne dois pas me plaindre, car en dépit du sirocco et d'une pluie battante, je n'ai pas *bâillé* depuis deux jours.

De retour à la maison, j'ai lu l'Histoire de la Grèce, — avant dîner, j'avais lu Rob Roy. Mis l'adresse à la lettre pour Alessio del Pinto, qui m'a remercié d'avoir assisté son frère, le défunt commandant. Lui ai dit que je n'avais fait que remplir un devoir d'humanité, — et comme c'est vrai !

Ranimé le feu avec un peu de 'scobole (mot romagnol), et donné de l'eau au faucon. Bu de l'eau de seltz. *Mem.* — reçu aujourd'hui une gravure ou eau-forte de l'histoire d'Ugolin, par un peintre italien. — La composition diffère, bien entendu, de celle de Reynolds, et je crois (autant qu'il m'en souvient) qu'elle n'est *pas pis*, car Reynolds ne vaut rien pour l'histoire. Arraché un bouton à mon habit neuf.

Je ne devine pas quelle figure feront ces Italiens dans une mêlée sérieuse. Je pense quelquefois que, comme le fusil crochu que l'armurier avait vendu à l'Irlandais, ils ne sont bons que « pour faire feu à un tournant » ; cette sorte de tir est depuis longtemps le plus haut de leurs exploits. Et pourtant, il y a dans ce peuple des matériaux, et une noble énergie, si elle était bien dirigée. Mais qui les dirigera ? — N'importe. De pareils temps engendrent des héros. Les difficultés sont aux grandes âmes ce que l'engrais est aux plantes, et la Liberté est la mère du petit nombre de vertus appartenant à l'humaine nature.

Jeudi, 9 *janvier* 1821.

Levé. Beau jour. Demandé mes chevaux ; mais Lega, mon secrétaire (*italianisme* pour intendant ou premier domestique) étant venu me dire que le peintre avait fini les fresques d'une salle à laquelle j'ai fait travailler dernièrement, je suis allé la voir avant de sortir. Tout considéré, le peintre n'a pas trop mal copié les gravures d'après Titien, etc...

Dîné. Lu Johnson, sur la vanité des désirs humains, — tous les exemples et la manière de les donner, sublimes, ainsi que la dernière partie, à l'exception d'un passage par-ci, par-là. Je n'admire pas beaucoup l'ouverture. Je me rappelle une observation de Sharpe (le *conservationiste*, comme on l'appelait à Londres, et homme très spirituel) ; il disait que le premier vers de ce poème était oiseux, et que Pope (le meilleur des poètes, à *mon sens*) aurait commencé de suite, ne changeant que la ponctuation.

« Survey mankind from Chini to Peru. [1] »

1. De Paris au Pérou, du Japon jusqu'à Rome, etc.

La première ligne « Que l'observation, etc. » est certainement lourde et inutile. Mais c'est un grand poème — et *si vrai !* — vrai comme la dixième satire de Juvénal. Le cours des siècles change toutes choses — le temps, les langues, — la terre, — les limites de la mer, — les étoiles des cieux, — ce qui est au-dessus, autour, et au-dessous de l'homme, tout *excepté l'homme même*, qui a toujours été, et sera toujours, un faquin malchanceux, dupe ou fripon. L'infinie variété de toutes vies ne conduit qu'à la mort, et l'immensité des souhaits ne mène qu'au désappointement. Toutes les découvertes faites jusqu'ici n'ont guère multiplié que nos besoins. Une maladie extirpée est remplacée par quelque nouveau fléau ; et un monde découvert n'a guère valu à l'ancien que la v... d'abord, et la Liberté après ; — cette *dernière* est une belle chose, surtout comme l'Amérique la donne à l'Europe, en échange de l'esclavage. Mais il est douteux que les Souverains ne préférassent pas de beaucoup pour leurs sujets le premier des deux présents, comme le meilleur.

Sorti à huit heures, — appris quelques nouvelles. Le roi de Naples a, dit-on, déclaré, par des courriers expédiés de Florence aux *Puis-*

sances (puisque c'est ainsi que s'intitulent les misérables portant couronne) que sa Constitution avait été extorquée, etc., etc. On ajoute que ces barbares, les Autrichiens, sont de nouveau mis sur le pied de *guerre*, et marcheront. Qu'ils essaient, — qu'ils viennent « tout parés pour le sacrifice », les chiens d'enfer ! Qu'il y ait encore une espérance de voir leurs ossements blanchir, entassés comme ceux de cette canaille humaine, dont j'ai vu les débris à Morat, en Suisse.

Entendu faire de la musique. A neuf heures, les habitués. — Nouvelles, *guerre*, ou bruits de guerre. Tenu conseil avec P. G. etc., etc. Ils veulent *s'insurger* ici, et me font l'honneur de me mettre de la partie. Certes, je ne reculerai pas ; quoique je ne leur croie ni assez de force, ni assez de cœur pour faire grand'chose. Mais, *en avant !* — Le temps d'agir est venu, et que signifie le *soi*, si une seule étincelle de ce qui fit la gloire du passé se peut léguer, vive et inextinguible, à l'avenir ! Ce n'est pas d'un homme, ni d'un million d'hommes qu'il s'agit, mais de *l'esprit* de liberté qui doit s'étendre. Les vagues qui battent le rivage viennent, une à une, s'y briser, mais l'*océan* avance. Il engloutit l'Armada, il use le roc, et si l'on en croit les *Neptuniens*, il a, non seulement détruit, mais fait un monde. De même, quelque sacrifice d'individus qu'il y faille, la grande cause prendra des forces, balaiera les aspérités, et fertilisera (car l'*algue marine* est un *engrais)* ce qui est propre à la culture. En pareil cas, plus de calcul de pur égoïsme ; du moins je n'en ferai pas : je ne fus jamais habile à calculer les chances, et ne commencerai pas à présent.

10 *janvier* 1821.

Beau temps. — Il n'a plu que le matin. Examiné mes comptes. Lu les Poèmes de Campbell, marqué les erreurs de Tom (l'auteur) pour correction. Dîné, — sorti ; musique, — air tyrolien, avec variations. Soutenu la cause de l'air original, dans sa simplicité, contre les variations de l'école italienne...

La politique, tant soit peu orageuse, et plus menaçante de jour en jour. Demain, poste étrangère ; on saura probablement quelque chose de plus.

Rentré, — lu. Corrigé encore de nouvelles

glissades de plume de Tom Campbell. Bon ouvrage, quoiqu'en style affecté ; — mais sa défense de Pope est glorieuse. Il est vrai que c'est aussi sa *propre cause*, — qu'importe, c'est très bien, et lui fait grand honneur.

Minuit.

J'ai feuilleté différentes *Vies* de Poètes. Je lis rarement leurs œuvres, et ne fais qu'une excursion de temps à autre dans les classiques, Pope, Dryden, Johnson, Gray, et ceux qui en approchent le plus (j'abandonne la folle *déclamation* du reste aux déclamateurs du jour), et — j'avais fait plusieurs réflexions, mais je m'endors et ferai aussi bien de m'aller coucher.

11 *janvier* 1821.

Lu mes lettres. Corrigé ma tragédie, et ma *Paraphrase d'Horace.* Dîné, et me suis senti de meilleure humeur. Sorti, — rentré, — fini mes dépêches, — cinq en tout. Lu les Poètes, et une anecdote dans Spencer.

All... m'écrit que le Pape, le duc de Toscane, et le roi de Sardaigne, ont aussi été appelés au congrès ; mais le pape n'y veut traiter que par procuration. Ainsi voilà les intérêts de plusieurs millions d'hommes entre les mains d'environ vingt fats, réunis en un lieu nommé Laybach !

J'aurais presque regret à ce que mes affaires personnelles allassent bien, quand celles des nations sont en péril. Si les intérêts du genre humain pouvaient être essentiellement améliorés (surtout ceux de ces Italiens si indignement opprimés), je m'inquiéterais moins de mon petit « bien être particulier ». Dieu nous accorde à tous de meilleurs jours, ou plus de philosophie !

En lisant, je suis tombé sur une expression de Tom Campbell ; parlant de Collins, il dit que « le lecteur ne se soucie pas plus des *mœurs caractéristiques* de ses Eglogues, que de l'authenticité du conte de Troie ». C'est faux — nous *avons souci* de l'authenticité du conte de Troie. J'ai visité cette plaine *tous les jours*, pendant plus d'un mois, en 1810 ; et si quelque chose altéra mon plaisir, ce fut que ce polisson de Bryant eût mis en doute la véracité du fait. Il est vrai que j'ai lu l'Homère travesti (les premiers douze livres), parce que Hobhouse et les autres m'assommaient de leurs savantes localités, et que j'aime à railler parfois ; mais je n'en vénérais pas moins le grand œuvre original, comme vérité *historique* (pour les *faits* matériels), et comme vérité de site. Autrement, je n'en aurais pas joui. Qui me persuadera, quand je me suis reposé sur une tombe immense, qu'elle ne contient pas un héros ? — Son étendue même le prouve. Les hommes ne prennent pas tant de peine pour des morts ignobles ou inconnus : — et pourquoi ces *morts* illustres ne seraient-ils pas ceux d'Homère ? Le secret de la belle défense que fait Thomas Campbell de l'*inexactitude* de costume et de description, c'est que sa Gertrude, etc., n'a pas plus de localités en commun avec la Pensylvanie qu'avec Penmanmaur. Il est notoire qu'elle est remplie de faussetés et de grossières erreurs descriptives, comme le déclarent tous les Américains, bien qu'ils louent quelques parties du poème. C'est ainsi que l'amour-propre rampe, comme le serpent, toujours prêt à piquer tout ce qui le touche même par hasard.

12 *janvier* 1821.

Le temps toujours humide, et si insupportable que Londres, dans ses plus épais brouillards, serait un Eden comparé à la brume, et au sirocco qui (à l'exception d'un seul jour) a duré, avec bigarrure de neige et de lourde pluie, depuis le 30 décembre 1820. Il est heureux que j'aie un penchant littéraire ; — mais c'est néanmoins chose fatigante que de ne pouvoir bouger de chez soi, ni monter d'autre cheval que Pégase, pendant un si grand nombre de jours. Les routes sont encore pires que le temps, grâce au gâchis, à l'épaisseur des boues et à la crue des eaux.

Lu les Poètes anglais, — c'est-à-dire dans l'édition de Campbell. Il y a beaucoup de frou-frou dans quelques-unes des phrases préliminaires de Tom ; mais l'ensemble de l'ouvrage est bon. Cependant, j'aime mieux sa poésie.

Murray m'écrit qu'on veut jouer la tragédie de Marino Faliero. — C'est sottise ; elle a été écrite pour la lecture, non pour le théâtre. J'ai protesté contre cette espèce d'usurpation (droit que messieurs les directeurs de spectacle peuvent s'arroger légalement, à ce qu'il semblerait, sur toute œuvre imprimée, avec ou contre le gré de l'auteur), et j'espère qu'ils n'oseront pas aller plus loin. Que ne s'en prennent-ils aux innombrables aspirants qui postulent la célébrité théâtrale, et dont les œuvres encombrent leurs rayons, au lieu de me tirer à grand peine de la bibliothèque ? J'ai fait une sortie furieuse contre toute tentative de ce genre ; mais je veux encore espérer que c'est chose inutile, et qu'ils verront de suite que l'œuvre n'est pas destinée au théâtre. La pièce est trop régulière : — le temps, vingt-quatre heures ; — les changements de lieux peu fréquents : — rien de *mélo*-dramatique — point de surprises, point de tiraillements ; ni trappes, ni occasion de « hocher superbement la tête, et de donner du talon » ; enfin *pas d'amour* — le grand ingrédient d'une tragédie moderne.

J'ai deviné l'énigme du cachet de Murray. C'est une effigie à l'intention de Walter Scott — ou de *sir* Walter, le premier poète fait chevalier, depuis sir Richard Blackmore. Cette prétendue ressemblance ne lui rend pas justice. Scott — particulièrement lorsqu'il récite — a une figure remarquablement intelligente, et celle de ce cachet ne dit rien.

Scott est assurément l'écrivain le plus étonnant du jour. Ses romans sont à eux seuls une littérature neuve, et sa poésie vaut toute celles qu'on fait, — sinon mieux (quoique basée sur un principe faux) ; — elle n'a cessé d'être populaire que parce que le vulgaire des savants, lassé d'entendre nommer Aristide le Juste, et Scott le Grand, l'a frappé d'ostracisme.

Je l'aime aussi pour sa fermeté de caractère, l'extrême agrément de sa conversation et son bon naturel envers moi, personnellement. Puisse-t-il prospérer ! — Il le mérite. Je ne connais point de lecture qui ait autant d'attrait pour moi qu'un ouvrage de Walter Scott. Je donnerai ce soir le cachet sur lequel est son buste à madame la comtesse G., qui sera curieuse d'avoir l'effigie d'un homme aussi célèbre.

Que nos pensées prennent parfois un tour étrange, etc...

Minuit.

Lu une traduction italienne, par Guido Sorelli, d'une œuvre de l'allemand Grillparzer — diable de nom pour la postérité ; mais il *faudra* bien qu'elle apprenne à le prononcer. En faisant la part d'une *traduction*, et surtout d'une traduction *italienne* (les plus mauvaises de toutes, excepté pour les classiques — Annibal Caro, par exemple — ; *là*, leur langage bâtard les aide : pour se donner un air de *légitimité*, ils singent la langue de leurs pères) ; mais en faisant, dis-je, la part d'un tel désavantage, la tragédie de Sapho est magnifique et sublime ! il n'y a pas moyen de le nier, et cet homme a fait une grande et belle chose en écrivant cette pièce. *Qui est-il ?* Je ne le connais pas ; mais les siècles le *connaîtront.* — C'est une haute intelligence !

Je dois noter, cependant, que je n'ai *rien* lu d'Adolphe Müllner (l'auteur du « Crime ») et beaucoup moins de Gœthe, de Schiller et de Wieland, que je ne l'aurais souhaité. Je ne les connais qu'à travers les traductions anglaises, françaises et italiennes. Je n'entends rien, absolument rien à la langue des originaux, — si ce n'est quelques jurons que j'ai appris des postillons et des soldats, dans une ou deux bagarres. Je puis *jurer* très majestueusement en allemand quand il me plaît ; — *Sacrament* — *Verfluchter* — *Hundsfott* — et ainsi de suite ; mais je ne sais rien, de ce qui se dit dans une conversation moins énergique.

J'aime leurs femmes (j'ai été une fois amoureux *fou* d'une Allemande, Constance), et tout ce que j'ai lu de leurs écrits traduits, et tout ce que j'ai vu sur le Rhin, du pays et du peuple, — j'en aime tout, hors les Autrichiens que j'abhorre, que je méprise, et... je ne puis trouver de mots pour ce qu'ils m'inspirent, et je serais fâché de trouver des actions qui pussent répondre à ma haine ; car je déteste la cruauté encore plus que je ne hais les Autrichiens, — à moins que ce ne soit affaire d'impulsion, alors je suis féroce, — mais jamais de sang-froid, et de propos délibéré.

Grillparzer est grand, — antique, — *pas si simple* que les anciens, mais très simple pour un moderne, — parfois, aussi *Staëlique* ; — somme toute, c'est un écrivain fort supérieur.

13 *janvier* 1821, *samedi.*

Fait le plan et la liste des personnages d'une tragédie projetée de Sardanapale, que je médite depuis quelque temps. Les noms sont tirés de Diodore de Sicile (je connais l'histoire de Sardanapale, et la connaissais que j'avais à peine douze ans). Relu un passage du neuvième volume in-octavo de la Grèce de Mitford, où il cherche à justifier la mémoire de ce dernier des Assyriens.

Dîné. — Des nouvelles fraîches. — Les *Puissances* veulent guerroyer avec les Peuples. La chose semble positive : — ainsi soit-il ! — Elles finiront par être battues. Les temps des rois s'accomplissent. Le sang sera répandu comme l'eau, les larmes comme la pluie ; et les peuples seront vainqueurs. Je ne vivrai pas pour le voir, mais je le *prévois.*

J'ai porté à Thérésa la traduction italienne de la *Sapho* de Grillparzer, qu'elle me promet de lire. Elle m'a querellé, parce que je disais que l'amour n'était pas *le plus noble* sujet pour la tragédie vraie ; et ayant l'avantage de sa langue maternelle, et l'éloquence naturelle aux femmes, elle a foudroyé mes rares arguments. Je crois qu'au fait elle a raison. Je mettrai plus d'amour dans le « Sardanapale » que je n'en comptais mettre. *Si*, toutefois, les temps où nous sommes m'en laissent le loisir. Ce *si* pourrait bien m'empêcher de faire ma paix.

14 *janvier* 1821.

Feuilleté les tragédies de Sénèque. Ecrit les premiers vers de ma tragédie de Sardanapale. Fait quelques milles à cheval dans la forêt. Pluvieux et brumeux. Rentré. — Dîné. — Composé un peu plus de ma tragédie.

Lu Diodorus Siculus. — Parcouru de nouveau Sénèque, et quelques autres livres. Ecrit, toujours pour ma tragédie. Pris un verre de grog, après avoir galopé par la pluie ; griffonné, écrivaillé, à plusieurs reprises : l'esprit (du moins le mien) a besoin d'un peu de récréation, et je n'aime plus l'opium comme autrefois. J'ai donc mêlé un verre d'eaux *spiritueuses* et d'eau simple, que je vais maintenant vider, et termine ici mon journal du jour.

L'effet de toute espèce de vins et liqueurs sur moi est étrange. Ils rassoient mon âme, mais la rendent sombre, — sombre au moment même de leur influence et presque jamais gaie plus tard. Ils me calment pour un temps, quoique d'une façon triste.

15 *janvier* 1821.

Beau temps. Reçu des visites. Promenade à cheval dans la forêt. — Tiré aux pistolets. Retourné au logis. — Dîné. — Ouvert au hasard un volume de la Grèce de Mitford. — Fait moitié d'une scène de Sardanapale. Sorti. — Entendu de la musique — et de la politique. Encore des ministres envoyés au congrès par les autres puissances d'Italie. La guerre semble certaine : — en ce cas, elle sera sanglante. Causé sur différents sujets importants avec l'un des initiés. Rentré chez moi à dix heures et demie.

Il vient de me revenir à l'esprit une plaisante chose qui m'arriva en 1814. Moore (le « poète par *excellence* », et il mérite ce titre) et moi, allions ensemble dans la même voiture dîner chez le comte Grey, le *Capo poli-*

tico de ce qui reste de Whigs ; Murray le magnifique (l'illustre éditeur de ce nom) venait de m'envoyer une gazette de Java, — je ne sais pourquoi, ni comment. La tirant de ma poche, comme curiosité, nous y trouvâmes une discussion sur les mérites de Moore comparés aux miens. Je crois qu'admis au conseil, je leur eusse épargné la peine de se quereller là-dessus. Mais, voilà ce qu'on appelle de la *gloire* à vingt-six ans ! au même âge, Alexandre avait conquis l'Inde ; mais il est vrai que je doute qu'à Java on disputât sur son mérite, et que ses conquêtes y fussent comparées à celles du Bacchus indien.

C'était grand honneur d'être associé à Moore, plus grand de lui être comparé, et plus grand que tout cela était le plaisir d'être *avec* lui ; il y avait aussi une merveilleuse coïncidence à nous rencontrer à dîner ensemble, tandis qu'on querellait sur nous par delà la ligne équinoxiale.

Le même soir, je vis Lawrence, le peintre et entendis une des filles de lord Grey (belle, grande, avec une tête à caractère, et beaucoup de cet *air patricien, et bien né*, qu'elle tient de son père, et dont je raffole) : elle joua de la harpe, d'une façon si modeste et si ingénue qu'elle était elle-même tout harmonie. Eh bien ! s'il m'eût fallu choisir, j'aurais préféré causer avec Lawrence (qui parla délicieusement ce jour-là), et entendre cette jeune fille, plutôt que d'avoir toute la réputation de Moore, et la mienne en plus.

Le seul revenant-bon de la gloire, c'est qu'elle pave la route au plaisir ; et plus nos plaisirs sont intellectuels, mieux ils valent et nous aussi. Pourtant, c'était chose agréable de savourer notre renom avant dîner, et d'entendre une harpe de jeune fille après.

16 *janvier* 1821.

Lu. — Monté à cheval. — Exercice du tir. — Rentré. — Dîné. — Écrit. — Fait des visites. — Entendu de la musique : — dit des niaiseries ; — et retourné chez moi.

Ecrit de ma tragédie. — Avancé le premier acte « en toute diligence ». Acheté une couverture. Le temps toujours aussi brumeux qu'au mois de mai à Londres. — Une succession de brouillards, d'ondées, de pluies ; l'air chargé de *scotticismes*, qui, bien que très beaux dans les descriptions d'Ossian, sont fort ennuyeux dans la triste et prosaïque réalité. — La politique toujours mystérieuse.

17 *janvier* 1821.

Promené dans la forêt. — Tiré au pistolet. — Dîné. Reçu un paquet d'Angleterre et de Lombardie ; livres anglais, italiens, français et latins. Lu jusqu'à huit heures. — Sorti.

18 *janvier* 1821.

Aujourd'hui, le courrier étant arrivé tard, je n'ai pu monter à cheval. Lu deux lettres. — Deux gazettes seulement au lieu de douze que j'attendais. Fait écrire par Lega à ce négligent Galignani, et ajouté un post-scriptum. Dîné.

A huit heures, comme je me disposais à sortir, Lega est entré avec une lettre réclamant un compte *non acquitté* à Venise, que je croyais payé il y a plusieurs mois. Tombé dans un accès de rage qui m'a fait presque évanouir. Je n'ai pas été bien depuis. Je le mérite pour ma sottise : — mais *c'était* irritant. — Rare assemblage de larrons ! après tout, il ne s'agit que de vingt-cinq louis.

19 *janvier* 1821.

Sorti à cheval. Vent d'hiver, un peu plus rude et âpre que l'ingratitude même, quoi qu'en dise Shakespeare ; à moins que beaucoup plus accoutumé à rencontrer l'ingratitude que le vent du nord, ce dernier me paraisse le plus cuisant. J'ai fait face aux deux dans le cours des vingt-quatre heures, ainsi j'en puis juger.

Pensé à un plan d'éducation pour ma fille Allégra, qui est bientôt en âge de commencer à étudier. Ecrit une lettre : — puis un post-scriptum. En mauvaise disposition, abattu, découragé : — d'humeur hargneuse et hypocondriaque. — Foie attaqué : — prendrai une dose de sels.

Je viens de lire *la Vie* (par lui-même et sa fille) de M. R. L. Edgeworth, le père de *notre* miss Edgeworth. C'est un digne et grand nom. Il me souvient de les avoir rencontrés, en 1813, dans le beau monde de Londres (dont je formais alors un item, une fraction, le segment d'un cercle, l'*unité* d'un million, le rien de quelque chose) ; c'était aux assemblées du moment et à un déjeuner chez sir Humphry et lady Davy, où je fus invité tout exprès pour les voir. J'avais été le *Lion* de 1812 : miss Edgeworth, madame de Staël, et, vers la fin de 1813, « le Cosaque » firent les frais des exhibitions de l'année suivante.

M. Edgeworth me parut un beau et bon vivant, à teint coloré et rubicond, vif, remuant, et ayant de la vie pour une éternité. Il avait soixante-dix ans, mais on ne lui en aurait pas donné cinquante ; — non, ni même quarante-huit. J'avais vu le pauvre Fitz-Patrick peu de temps auparavant. — Homme de plaisir, d'esprit, d'éloquence, apte à tout. Il chancelait en marchant, — mais s'exprimait encore comme un homme bien né, quoique avec une voix faible. Edgeworth sautait presque et parlait haut et longtemps. Il ne semblait ni affaibli, ni décrépit, et à peine l'eût-on cru vieux.

Il commença par se vanter d'avoir donné « une rude semonce au docteur Parr, qui l'avait pris pour un coureur de marais, une espèce de sauvage irlandais », etc., etc. Hors moi, qui connais le docteur Parr, et qui sais (*non* par expérience — car jamais je n'eus la présomption de disputer avec lui, — mais d'après les dires *des* autres, et pour l'avoir entendu *avec* d'autres) que ce n'est pas chose facile que de « le semoncer », je pensai que M. Edgeworth en contait. Il n'aurait pu tenir tête à Parr un moment. Du reste, il semblait intelligent, véhément et plein de vie. Il promettait cent ans et plus.

Il ne fut pas fort admiré à Londres, et je me rappelle une assez bonne plaisanterie qui fit fortune parmi les beaux esprits du jour. On avait fait une pétition pour le *rappel de madame Siddons au théâtre* (elle venait de se retirer, au grand dommage des siècles présents et futurs, car jamais il n'y a eu, et jamais il n'y aura de talent pareil), et presque tous les hommes avaient signé. A ce propos, Thomas Moore, de profane et poétique mémoire, proposa qu'une pétition semblable fût sans retard *signée* et *apostillée* de tous, pour le « rappel de M. Edgeworth en Irlande ».

Le fait est que tout le monde s'occupait beaucoup plus d'*elle* que de lui. Elle était petite, délicate, sans prétention, ayant l'air et l'allure d'une « Jenny Deans », et sinon belle, du moins agréable, et d'une physionomie remarquablement intelligente. Sa conversation était aussi sereine qu'elle-même. On n'aurait jamais supposé qu'elle pût écrire *son nom* pour le public ; tandis que son père parlait, non comme s'il n'eut pu écrire autre chose, mais comme si rien autre ne valait la peine d'être écrit.

Quant à Mrs Edgeworth, je l'oublie : — seulement je crois me rappeler qu'elle était la plus jeune de la troupe. Tout ensemble, c'étaient d'excellents échantillons de l'espèce, et une cage d'oiseaux rares : ils firent fureur pendant deux mois, jusqu'au débarquement de madame de Staël.

Passant d'eux à leurs ouvrages, j'admire ces derniers ; mais chez moi, ils n'éveillent pas grande sympathie, et ne me laissent point d'amour, — si ce n'est pour quelque intendant ou postillon irlandais. Cependant, il y a une grande profondeur d'intelligence et de sagesse : et ils doivent être utiles.

20 *janvier* 1821.

Promenade à cheval. — Tir au pistolet. — Lu la Correspondance de Grimm. Dîné. — Sorti. — Entendu de la musique. — Revenu. — Ecrit au lord chambellan pour le prier d'empêcher les théâtres de représenter *le Doge*, que les journaux italiens annoncent devoir être joué prochainement à Londres. Jolie besogne, ma foi ! — Sans demander mon consentement, et même en dépit de ma volonté !

21 *janvier*.

Belle journée ; temps clair, gelée — c'est-à-dire gelée italienne, car ici les hivers ne dépassent guère la neige ; ce qui fait que personne ne sait patiner : — exercice tout à fait anglais et hollandais. Sorti à cheval comme de coutume ; été au tir. Bien visé : — cassé quatre bouteilles ordinaires, assez petites, en quatre coups, à quatorze pas, avec une paire de pistolets communs et de la poudre de médiocre qualité. Presque aussi habile tireur (considérant la différence de la poudre et des pistolets) qu'en 1809-10-11-12-13-14, où il m'est arrivé de couper en deux de minces bâtons, des pains à cacheter, des demi-couronnes, des schelings, et jusqu'au *nœud* d'un bambou, à la distance de douze pas, avec une seule balle — et le tout, d'œil et de calcul ; car je n'ai pas la main très ferme, et la température réagit sur mes nerfs. Joe Manton et plusieurs autres peuvent rendre témoignage des prouesses que je note ici ; car le premier m'enseigna, et les derniers m'ont vu faire.

Dîné. — Visité. — Rentré. — Lu. Pris note d'une remarque de Grimm, qui dit que « Regnard et la plupart des poètes comiques étaient gens bilieux et mélancoliques ; et que M. de Voltaire qui est très gai n'a jamais fait que des tragédies — et que la comédie gaie est le seul genre où il n'ait point réussi. » C'est que celui qui rit et celui qui fait rire sont deux hommes fort différents.

Pour le moment, je me sens aussi bilieux que leur meilleur auteur comique (que Regnard lui-même, qui vient après Molière, qui a écrit quelques-unes des meilleures comédies qu'il y ait en aucune langue, et s'est suicidé à ce que l'on croit) ; je n'ai pas le cœur de continuer ma tragédie projetée de Sardanapale, à laquelle j'ai cessé de travailler depuis quelques jours.

Demain est mon jour de naissance : — c'est-à-dire, quand sonneront les douze heures, minuit — dans douze minutes, j'aurai trente-trois ans accomplis ! ! ! — Je vais me coucher, l'âme triste et pesante d'avoir vécu si longtemps, et pour si peu de chose.

Il est trois minutes après minuit. — « L'horloge du château annonce que moitié de la nuit est écoulée », et j'ai maintenant trente-trois ans !

Eheu, fugaces, Posthume, Posthume,
Labuntur anni ; —

mais je les regrette, moins pour ce que j'ai fait, que pour ce que j'aurais pu faire.

Sur ma route triste et fanée
Je me traînai trente-trois ans ;
Que m'en laisse cette journée
Rien, excepté trois et trente ans.

1821

Ci-gît
enterré dans l'éternité
du Passé,
d'ou il n'est point
de Résurrection
pour des jours — quoi qu'il puisse advenir
de la poussière
la Trente-Troisième Année
d'une Vie mal employée —
Après
une maladie de langueur
de plusieurs mois
elle tomba en léthargie
et expira
le 22 janvier 1821, anno domini
laissant une héritière
Inconsolable
de la perte même qui
lui donna
Naissance.

23 *janvier* 1821.

Beau jour. Lu, — galopé — tir au pistolet, et revenu. Dîné. — Lu, — sorti à huit heures, — fait ma visite d'habitude ; entendu parler de guerre, rien que de guerre. — Le cri général est toujours, « ils viennent ! » Les Carbonari ne semblent pas avoir de plan, — rien de fixe ou d'arrêté entre eux ; ils ne savent quand, comment, quoi faire ! Cela étant, ils n'exécuteront rien du projet, si souvent différé, et jamais mis en œuvre.

De retour chez moi, j'ai donné les ordres nécessaires en cas qu'un changement de lieu devînt urgent. J'agirai suivant ce qui me semblera le plus convenable, quand je saurai décidément ce que les Barbares prétendent faire. Dans ce moment ils construisent un pont de bateaux sur le Pô, ce qui présage fortement la guerre. Encore quelques jours, et nous verrons. Je songe à reculer vers Ancône, plus près de la frontière Nord ; c'est-à-dire si Thérèse et son père sont obligés de se retirer ; chose probable, toute la famille étant libérale. Sinon, je resterai. Mes mouvements dépendront des désirs de la dame, — car pour moi, peu importe.

Je suis assez en peine de savoir que faire de ma fille, la petite Allégra, et de mes effets qui sont en assez grand nombre : ni l'une, ni les autres ne seraient bien placés au centre de la guerre, où je compte aller. Mais il y a une vieille dame disposée à se charger de la petite, et T. dit que la marquise C. entreprendra de mettre les meubles et biens en sûreté. Une moitié de la ville arrange ses affaires, et se tient prête à marcher gaillardement. Joli passe-temps de carnaval ! Les drôles auraient aussi bien fait d'attendre le carême.

24 janvier 1821.

Rentré, — rencontré quelques masques au Corso ; — « vive la bagatelle ! » Les Allemands sont sur le Pô, les Barbares aux portes, et les maîtres du conseil suprême à Leybach (ou tout autre nom barbare et mal sonnant auquel la prononciation humaine se puisse prêter), et ici les voilà qui dansent, chantent et mènent joyeuse vie, car il se peut qu'ils meurent demain. Qui oserait dire que les *Arlequins* n'ont pas raison ? pour ma part, comme lady Baussière et mon vieil ami Burton — je suis mon chemin.

Dîné — (au diable la plume) — bœuf dur, — il n'y a pas de bœuf en Italie qui vaille un juron, à moins qu'un homme pût manger un vieux bœuf avec sa peau, séché au soleil.

Les principaux meneurs des évènements qui peuvent arriver dans quelques jours, sont allés à une partie de chasse. Encore si c'était une chasse des Highlands, le prétexte d'une grande réunion de conseillers et de chefs, tout serait bien. Mais ce n'est ni plus ni moins qu'une véritable niaiserie, un tir au petit plomb, une amusette de poules mouillées, perte de temps, de poudre, de munition ; plaisir tout personnel, tout spécial. — Rare assemblage de gens pour qu'un « homme aille risquer son cou à leur profit », comme dit Marishal-Wells dans le Nain Noir.

S'ils font rassemblement, — ce qui est douteux, — ils ne réuniront pas un millier d'hommes. La raison en est que la populace ne prend nul intérêt au mouvement, — il n'y a que les classes hautes et mitoyennes. — Je souhaiterais que les paysans en fussent : c'est une belle et sauvage race de léopards bipèdes. Mais les Bolonais ne veulent pas — et les Romagnols ne peuvent rien sans eux. Ou s'ils essaient, qu'en arrivera-t-il ?

Ils auront essayé, et l'homme ne peut faire plus ; — si seulement, ils *voulaient* tenter, mais de toutes leurs forces, beaucoup se pourrait faire. Voyez les Hollandais contre les Espagnols, *alors* tyrans de l'Europe, — *depuis*, ses esclaves, — et dernièrement, ses affranchis.

Quelque chose qu'elle ait faite pour les nations, l'année 1820 n'a pas été heureuse pour mon individu. J'ai perdu un procès, après deux jugements en ma faveur. Le projet d'un prêt d'argent sur hypothèque en Irlande a été finalement rejeté par le chargé d'affaires de ma femme, au bout d'un an d'espérance et de tracas. Le procès de Rochdale durait depuis quinze ans, et avait toujours prospéré jusqu'à mon mariage ; époque à laquelle, tout a été de travers, — du moins pour moi.

Dans cette même année 1820, la comtesse T. Guiccioli, née Gamba, en dépit de tout ce que j'ai dit et fait pour l'empêcher, a *voulu* se séparer de son époux, *il Cavaliere* Commendatore Gui., etc., etc., etc., et tout cela, à cause de P. P. « clerc de la paroisse. » Sans compter les autre menues vexations, voitures versées, — gens assassinés devant ma porte, et morts dans mon lit. — La crampe en nageant, — les coliques, — indigestions, attaques bilieuses, etc., etc., etc.

De petits items il s'agit ;
Mais leur nombre s'additionne,
Autant s'allonge la colonne
Autant sa base s'élargit.

25 *janvier* 1821.

Reçu une lettre de lord S. O., secrétaire d'État des Iles Ioniennes — bon vivant, — spirituel, — qui eut en Angleterre quelques rudes épreuves, il y a cinq ans, et alla au loin se retremper, et se régénérer. Il m'écrit d'Ancone, retournant à Corfou, pour quelques affaires particulières. Il est fils du feu duc de L. par un second mariage. Il me parle d'aller le rejoindre dans ses îles. Pourquoi pas ? — Peut-être sera-ce pour le printemps prochain.

Répondu à Murray, — lu, — paressé. Griffonné une nouvelle page du *livre de loch* de ma vie. Encore un jour de plus pour mon journal, de moins pour moi ; — mais « lequel vaut mieux, de la vie ou de la mort, les dieux seuls le savent », comme Socrate le dit à ses juges, lorsque la séance fut levée. Deux mille ans passés depuis cette déclaration d'ignorance du sage ne nous ont pas plus éclairés sur ce point important ; car, selon la doctrine chrétienne, personne ne peut se croire sûr de son salut, pas même le juste, — puisqu'une seule glissade de foi peut le jeter sur le dos, comme un patineur, et cela au moment où il allait tout droit au paradis. Aujourd'hui donc, quelle que soit la sincérité de la foi dans les faits, la certitude de bonheur ou de malheur n'est pas plus grande pour l'individu qu'elle ne l'était sous Jupiter.

On a dit que l'immortalité de l'âme était un « grand peut-être », et c'est encore une grande et solennelle question. Chacun s'y cramponne ; — il n'est point si stupide, si lourd, si méchant bipède humain qui ne soit persuadé qu'il est immortel.

26 *janvier* 1821.

Belle journée, — quelques nuages blancs à demi balayés, étalés en queues de cheval, annoncent un changement ; mais l'ensemble du ciel est clair et pur. Monté à cheval, — été au tir, — bien visé. A mon retour, rencontré un vieillard. Fait la charité : — acheté pour un scheling de salut. Si pareille chose se pouvait acheter, j'ai plus donné dans cette vie à mes semblables — (quelquefois par *vice*, mais, sinon plus *souvent*, du moins plus *considérablement*, par vertu) que je ne possède aujourd'hui. Je n'ai jamais donné à une maîtresse autant que j'ai parfois donné à un homme pauvre dont la détresse était honorable ; mais peu importe ! Les misérables qui m'ont si longtemps persécuté (avec l'aide de ***, qui a couronné leurs efforts) triompheront ; — et quand justice me sera rendue, la main qui écrit ceci sera aussi froide que les cœurs qui m'ont percé au vif.

En revenant, j'ai rencontré sur le pont, près du moulin, une vieille femme. Je lui ai demandé son âge ; elle a dit : « Tre croci » quoique assez versé dans l'italien ; je me suis enquis auprès de mon domestique de ce que diable elle voulait dire avec ses trois croix. Quatre-vingt-dix ans, a-t-il répondu, et cinq autres années en plus !!! J'ai fait répéter la chose trois fois, pour m'assurer qu'il n'y avait pas méprise : — quatre-vingt-quinze ans !!! et elle était encore assez active, — avait *entendu* ma question, car elle y répondit, — m'avait *vu*, puisqu'elle s'avança vers moi, et ne paraissait nullement décrépite, mais seulement chargée d'années. Je lui ai dit de venir demain : je veux l'examiner. J'aime les phénomènes. Si elle *a* quatre-vingt-quinze ans, elle doit se rappeler le cardinal Alberoni, qui fut légat ici.

A ma descente de cheval, trouvé le lieutenant E., qui venait d'arriver de Faenza ; l'ai invité à dîner avec moi demain. — Ne l'ai point retenu aujourd'hui, parce qu'il y avait un petit *turbot* (tous les vendredis, je fais maigre religieusement et régulièrement) que je voulais manger à moi seul. — En effet, je l'ai mangé.

Sorti, — trouvé Thérésa comme de coutume ; — musique. Les gentilshommes, qui font les révolutions et vont à la chasse, ne sont pas encore de retour. Ils ne reviennent que dimanche, — c'est-à-dire qu'ils auront passé cinq jours à courir et à s'amuser, tandis que les intérêts de tout un pays sont en jeu, et eux-mêmes gravement compromis.

On a un rôle difficile à jouer au milieu d'une telle bande d'assassins et de sots ; — mais quand l'écume sera enlevée ou passera par-dessus à force de bouillir, il en pourra sortir du bon. Si l'affranchissement de ce pays, était possible quoique trop grand pour l'accomplissement d'un tel vœu ? pour éteindre ce long Soupir des Siècles ? — Espérons ! — ils ont espéré mille ans et plus. Le retour des mêmes chances peut ramener la liberté. — Elle va dépendre d'un coup de dé.

Il ne faudrait aux Napolitains qu'un seul Masaniello pour abattre ces sanguinaires bouchers, portant sabre et couronne. En de pires circonstances, la Hollande battit les Espagnes et Philippe ; l'Amérique battit les Anglais ; la Grèce battit Xerxès ; et la France battit l'Europe jusqu'à ce qu'elle eût pris un tyran : l'Amérique du sud chasse de leurs nids ses vieux vautours ; et si ces hommes-ci se tiennent fermes, il n'est rien au dehors qui les puisse ébranler.

28 *janvier* 1821.

La *Gazette de Lugano* n'arrive point. Reçu des lettres de Venise. Il paraît que les brutes Autrichiennes ont saisi mes trois ou quatre livres de poudre anglaise. Les drôles ! — J'espère leur payer ma poudre en balles. — Promené à cheval jusqu'au crépuscule. Réfléchi à quatre sujets de tragédies à composer (en cas que la vie et les circonstances le permettent), savoir : Sardanapale, déjà commencée ; Caïn, sujet métaphysique, un peu dans le genre de Manfred, mais en cinq actes, *peut-être*, avec le chœur ; Françoise de Rimini, en cinq actes ; et pour quatrième, il n'est pas sûr que je n'essaie pas de Tibère. Je crois que je pourrais extraire quelque chose de tragique (du moins de *mon* tragique, à moi) de la vieillesse du tyran, de sa sombre et triste retraite — même de son séjour à Caprée, — en adoucissant les *détails*, et en montrant le désespoir qui a été l'acheminement à ces plaisirs infames : car il n'est qu'une âme ardente et forte, mais *déchue*, qui ait pu avoir recours à ces solitaires horreurs, étant, à la fois, aussi, âme de vieillard, et maître du monde.

Memoranda.

Qu'est-ce que la poésie ? — La conscience d'un monde passé et d'un monde à venir.

Deuxième pensée.

Pourquoi, à la plénitude du désir et des plaisirs humains — (plaisirs du monde, de sympathie, d'amour, d'ambition, ou même d'avarice), — pourquoi se mêle-t-il une certaine impression de doute et de douleur ? — une crainte de ce qui est à venir — une incertitude de ce qui *est* — un retour vers le passé, conduisant à de sinistres pronostics d'avenir (le meilleur prophète du futur, c'est le passé). D'où viennent ces anxiétés ? — Je ne sais ; sinon qu'arrivés au pinacle, nous sommes plus sujets à l'étourdissement, et que nous ne craignons de tomber qu'en mesurant de l'œil le précipice ; plus il est haut, plus il est effrayant et sublime : je ne suis donc pas certain que la Crainte ne soit pas une sensation agréable ; du moins, il en est ainsi de *l'Espérance* ; et qu'est-ce que l'*Espérance* sans un levain de peur ? Quelle sensation plus délicieuse que l'espérance ? Et sans espoir, où serait l'avenir ? — En enfer. — Il est inutile de dire *où* est le Présent, car la plupart de nous le savent ; et quant au passé, qu'est-ce qui surnage dans la mémoire ? Les *espérances déçues*. — Ergo, en toute affaire humaine, c'est l'espérance qui joue le premier rôle ; elle, toujours et partout. J'accorde seize minutes, quoique je n'en aie jamais compté tant, à la jouissance d'une possession réelle ou supposée. De quelque lieu que nous partions, nous savons où tout doit aboutir. Et cependant que gagnons-nous à cette science ? Elle ne rend les hommes ni meilleurs ni plus sages. Pendant les plus grandes horreurs des plus grandes pestes (par exemple celles d'Athènes et de Florence — Voyez Thucydide et Machiavel) les hommes étaient plus cruels et plus pervers que jamais. Tout est mystère. Je sens beaucoup de choses, mais je ne sais rien, excepté ....

....

. . . .
. . . .
. . . .

Pensée d'un discours de Lucifer, dans la tragédie de Caïn :

Et si la *Mort* était un mal, crois-tu, Caïn,
Que je te *laisserais vivre* jusqu'à demain ?
Soit ! Vis comme je vis — et comme vit ton père
Comme vivront les fils de tes fils...

Passé minuit. — Une heure du matin.

Je viens de lire W. F. Schlegel (frère de l'auteur du même nom) ; jusqu'à présent je n'en puis rien tirer. Il fait évidemment preuve d'une grande puissance de mots, mais il n'y a rien à quoi on se puisse prendre. Il est comme Hazlitt, dont le style ressemble à une irruption *de petite vérole* — une corruption rouge et blanche, s'élevant par monticules (en mesquine imitation des montagnes sur la carte), mais ne contenant et ne rendant rien que sa propre âcreté.

Schlegel me déplaît d'autant plus qu'il semble toujours tout près d'en venir à un sens, et au moment où on croit le comprendre, il disparaît tout à coup, comme le soleil couchant, ou se fond, comme un arc-en-ciel, laissant derrière lui une assez brillante confusion, — à laquelle cependant les comparaisons ci-dessus font trop d'honneur.

Continué à lire M. F. Schlegel. Il n'est pas si sot que je le croyais ; c'est-à-dire quand il parle du Nord. Mais il tranche sur tout, et décide des *affaires de l'univers entier*, avec une autorité qu'un philosophe dédaignerait de prendre, et dont rougirait un homme de sens et d'honneur. ayant le sentiment de son ignorance. Il est évident qu'il veut faire de l'effet, produire une impression, comme son frère, — ou comme Georges, dans le Vicaire de Vakefield, qui, trouvant que toutes choses avaient déjà été représentées sous leur vrai jour, se mit pour soutenir la face opposée à entasser des paradoxes, ingénieux, mais faux, comme il l'avoue lui-même — desquels « le monde savant ne dit rien, absolument rien, monsieur ». Le monde savant *a* cependant *dit* quelque chose des frères Schlegel.

Il est grand temps de passer à un autre

sujet. Leurs remarques sur les antiquités du Nord valent mieux que le reste.

29 *janvier* 1821.

Hier, la femme de quatre-vingt-quinze ans est venue. Elle m'a dit que si son fils aîné eût vécu, il en aurait soixante-dix. Elle est maigre — petite, mais active, — entend, voit, et parle sans relâche. Il lui reste plusieurs dents — toutes de la mâchoire inférieure, et dents de devant. Elle a des rides profondes et multipliées, et au menton une sorte de barbe grise et rare, pour le moins aussi longue que mes moustaches. Sa tête ressemble à un portrait au crayon que Pope fit de sa mère, et qu'on voit dans quelques éditions de ses œuvres. J'ai oublié de lui demander si elle se rappelait Alberoni, mais ce sera pour la prochaine visite. Je lui ai donné un louis — fait faire un habillement complet, et l'ai inscrite pour une pension à la semaine. Jusqu'à présent, elle gagnait sa vie à ramasser du bois et des pommes de pin dans la forêt, — jolie besogne à quatre-vingt-quinze ans. Elle a eu une douzaine d'enfants dont quelques-uns vivent encore. Son nom est Maria Montanari.

Rencontré dans la forêt une troupe de gens de la secte appelée « les Américani » sorte de club libéral, tous armés, et chantant à tue-tête, en romagnol — « *Sem tutte soldat, per la liberta* » (nous sommes tous soldats pour la liberté). Ils m'ont salué d'acclamations comme je passais. — Je leur ai rendu leur salut, et ai continué mon chemin. Cela montre ce qu'est maintenant l'esprit de l'Italie.

Mon journal d'aujourd'hui ne contient que les omissions d'hier. Cette journée-ci s'est passée à peu près comme de coutume. Pris meilleure opinion des écrits des Schlegel que je ne l'avais, il y a vingt-quatre heures ; et l'amenderai encore, s'il est possible.

On dit que les Piémontais se sont enfin levé. — Ah ! *Ça ira !*

Lu Schlegel ; — il dit du Dante : « Que le plus grand et le plus national de tous les poètes italiens n'a jamais été, à aucune époque, très populaire parmi ses compatriotes ». C'est faux ! il y a eu plus d'éditeurs, de commentateurs, et plus tard d'imitateurs de Dante que de tous leurs poètes ensemble. *Pas* populaire ! Eh ! à l'heure qu'il est, en 1821, ils parlent de Dante, écrivent sur Dante, pensent et rêvent à Dante, à un excès qui serait ridicule, si l'homme le méritait moins !

Cet Allemand parle, dans le même style, de « gondoles sur l'Arno ». — Un précieux fat pour oser discourir de l'Italie !

Il dit aussi que le principal défaut de Dante est, *en un mot*, l'absence de tout sentiment tendre. Absence de tendresse ! — Et Francesca de Rimini — et les angoisses paternelles d'Ugolin — et Béatrix — et « la Pia ! » Eh quoi ! il y a chez Dante plus d'entrailles que chez qui que ce soit, quand il est tendre. Il est vrai qu'une description des limbes ou de l'enfer des chrétiens ne prêtait pas beaucoup au sentiment et à la suavité. — Mais quel autre que Dante eût pu introduire de la tendresse en enfer ? Y en a-t-il dans celui de Milton ? — pas le moindre : — Et tout le ciel de Dante n'est qu'amour, gloire et majesté !

Une heure du matin — 30 janvier.

J'ai trouvé cependant un point où l'Allemand a raison — c'est sur le vicaire de Wakefield. « De tous les romans en miniature, dit-il (et c'est la meilleure forme de roman), le vicaire de Wakefield est, je crois, le plus parfait. » Il croit ! — Il pouvait s'en dire certain. Mais, pour un Schlegel, ce n'est pas trop mal. Je me sens tout assoupi, et ferai mieux de me coucher. Il fera beau demain.

Dormez, dormez en confiance et comptez sur demain. »

30 *janvier* 1821.

Le comte P. Gamba m'a transmis ce soir, de la part des Carbonari, les nouveaux *mots d'ordre pour les six mois à venir....* et...... Le nouveau mot sacré est...... — la réplique.... L'ancien mot (maintenant changé) était...... il y a aussi.... — .... Les choses semblent près d'en venir à une crise — ça ira !

Nous avons causé de différentes affaires *actuelles* et *actives*. Je n'en dis rien ; — si elles viennent à exécution, elles parleront assez haut d'elles-mêmes. Ensuite la conversation est tombée sur Kosciusko ; le comte Gamba m'a dit avoir vu, lors de la guerre d'Italie, des officiers polonais fondre en larmes, seulement en l'entendant nommer.

Il faut qu'il y ait quelque chose en Piémont, — toutes les lettres et paquets sont arrêtés. Personne ne sait rien, et les Allemands concentrent leurs forces près de Mantoue. La décision du congrès de Laybach est également ignorée. Cet état de choses ne peut durer longtemps. La fermentation des esprits est telle, qu'il faut l'avoir vue pour la concevoir.

31 *janvier* 1821.

Depuis quelques jours je n'ai rien écrit que quelques réponses à des lettres. Dans l'attente continuelle d'une explosion quelconque, il n'est pas facile de s'établir devant un pupitre et de s'occuper de compositions importantes. Je le pouvais à la vérité, l'été dernier : j'écrivis mon drame pendant tout le fracas du divorce de la comtesse Guiccioli et de tout l'accompagnement obligé. Vers le même temps je reçus aussi la nouvelle de la perte d'un procès considérable en Angleterre. Mais ce n'étaient au fait qu'affaires personnelles et particulières ; celles dont il s'agit sont d'un ordre tout différent.

Je suppose que c'est là ce qui m'empêche d'écrire, mais je *soupçonne* que ma paresse y est pour beaucoup. D'ailleurs La Rochefoucauld, parlant des passions, n'a-t-il pas dit que « souvent la paresse les maîtrise toutes. » S'il est vrai, le vieux proverbe « l'oisiveté est la source de tout mal » aurait tort, puisqu'on prétend que le mal naît seulement des passions : *ergo*, ce qui maîtrise toutes les passions (savoir la paresse) serait par cela même un bien. — Eh, qui sait !...

Minuit.

Lu un peu de la correspondance de Grimm. Il répète fréquemment, en parlant d'un poète ou d'un homme de génie, n'importe dans quelle profession, même en musique (Grétry par exemple), « qu'il *doit* avoir une âme qui se tourmente, un esprit violent. » J'ignore jusqu'à quel point cela peut être vrai ; mais s'il en était ainsi, je serais poète « par excellence » ; car j'ai toujours eu « une âme » qui s'est non seulement tourmentée, mais qui a tourmenté aussi tous ceux qui ont été en contact avec elle ; et un « esprit violent » qui plus d'une fois m'a failli faire perdre l'esprit. Quant à définir ce que *devrait* être un poète, ce n'est pas la peine, car à quoi sont-*ils* bons ? qu'ont-ils fait ?

Grimm est néanmoins un excellent critique et un bon historien littéraire. Sa correspondance forme les annales de la littérature de cette époque en France, avec un aperçu de la politique, et surtout du train de vie de ce temps. Il est aussi estimable et beaucoup plus amusant que Muratori ou Tiraboschi : — j'avais presque dit que Ginguené ; — mais la chose demande réflexion : somme toute, c'est un grand homme dans son genre.

M. Saint-Lambert a dit :

Et lorsqu'à ses regards la lumière est ravie
Il n'a plus, en mourant, à perdre que la vie.

C'est mot pour mot le vers de Thomson :

And dying, all we can resign is breath.

Et pas le plus petit mot de reconnaissance de ce passage, M. Saint-Lambert est mort comme homme, et (si je ne me trompe) mort aussi comme poète, depuis longtemps. Cependant il y a d'assez bonnes choses dans ses *Saisons*, et peut-être qu'il en peut revendiquer quelques-unes comme siennes.

2 *février* 1821.

Je réfléchis, et me demande quelle peut être la raison qui fait que je m'éveille toujours à une certaine heure de la matinée, et toujours en très mauvaise disposition ; — je pourrais dire dans un véritable désespoir, et avec un profond dégoût de toutes choses, — même de ce qui m'avait plu la veille au soir. Au bout d'une heure ou deux, cette sensation passe, et je me rendors ou du moins me tranquillise. J'avais en Angleterre, il y a cinq ans, le même genre d'hypocondrie, mais accompagné d'une soif si violente, qu'il m'est arrivé de boire jusqu'à quinze bouteilles d'eau de soda dans une nuit, après m'être couché, sans pouvoir me désaltérer ; il faut calculer, cependant, ce qui se perdait pour la fermentation de l'eau, en faisant sauter le bouchon, ou en cassant les goulots des bouteilles, pressé que j'étais par l'impatience fiévreuse de la soif. A présent j'ai cette angoisse de *moins*, mais l'abattement des esprits est le même.

J'ai vu dans les mémoires d'Edgeworth que sir Fr. B. Delaval éprouvait quelque chose de semblable (il étanchait sa soif avec de la *petite bière)* ; mais il avait alors vingt ans au moins de plus que moi. D'où cela vient-il ? du foie ? En Angleterre, Leman (l'apothicaire) me guérit en trois jours d'une soif qui avait duré trois ans ; je suppose que c'est par hypocondrie.

Ce qui prend de jour en jour davantage sur moi, c'est une paresse et un dégoût plus puissant que l'indifférence ; si je m'en sors, c'est par des accès de fureur. Je présume qu'à moins que je meure d'accident, ou de toute autre façon subite, je m'éteindrai, comme Swift, « par la cime ». J'avoue que cette perspective ne m'inspire pas autant d'horreur qu'elle paraît lui en avoir causé plusieurs années avant que la chose advînt. Mais Swift avait à peine *commencé la vie* à mon âge, à trente-trois ans, tandis que moi j'ai déjà des sensations *vieillies.*

Oh ! il y a dans la rue un orgue qui joue... C'est une valse ! je veux cesser d'écrire et écouter. — C'est un air de valse que j'ai entendu dix mille fois au bal, à Londres, de 1812 à 1815. La musique est une étrange chose.

5 *février* 1821.

Enfin, le four est chaud : — les Allemands ont ordre de marcher ; hier soir on en a eu la nouvelle, et, pour la dix millième fois, l'Italie va devenir un champ de bataille.

Cette après-midi, le comte Gamba est venu me consulter sur diverses choses. Nous sommes sortis ensemble à cheval. On a envoyé demander des ordres au C. ; demain la décision doit arriver, et il y aura quelque chose à faire. — Rentré. — Dîné. — Lu. —

Sorti. Parlé des affaires. Fait un achat d'armes pour les Américani nouvellement enrôlés, qui sont tous prêts à marcher. Commandé des harnais et des porte-manteaux nécessaires pour la cavalerie.

Lu un peu de la controverse de Bowles sur Pope, avec toutes les réponses et répliques. Je vois que mon nom figure dans la dispute, mais n'ai pas le temps d'exposer ce que je sais et pense à ce sujet. En des jours de paix et d'harmonie, il est probable que j'y reviendrai.

9 *février* 1821.

Ecrit un peu avant dîner ; comme je me disposais à sortir à cheval, le comte P. G. est venu m'annoncer le résultat de la réunion des Carbonari à F. et à B. — *** est revenu tard dans la nuit. Tout était combiné dans la supposition que les Barbares passeraient le Pô, le 15 courant. Au lieu de cela, sur quelques informations particulières, ou de nouveaux ordres, ils ont hâté leur marche, et ont passé le fleuve, il y a deux jours ; de sorte que tout ce que peut faire la Romagne à présent, est de se tenir sur le qui-vive, et d'attendre le mouvement des Napolitains. Tout était prêt ; les Napolitains avaient envoyé des instructions et fait part de leurs projets, calculés pour le *dix* ou le *onze* ; jours fixés pour un soulèvement général, dans le cas où les Barbares n'auraient pas avancé avant le quinze.

Après tout, ils n'ont que cinquante à soixante mille hommes de troupes, avec lesquels ils pourraient aussi bien essayer de faire la conquête du monde que de contenir l'Italie dans l'état où elle est. L'artillerie vient en *dernier*, et seule ; il est question d'une tentative pour en enlever une bonne partie, en coupant les communications avec le gros de l'armée. Tout dépendra des premières démarches des Napolitains. *Ici*, l'esprit public est excellent, pourvu qu'il se soutienne. C'est ce que l'événement prouvera.

Il est probable que l'Italie sera délivrée des Barbares, si les Napolitains veulent seulement tenir ferme et rester unis. Il semble y avoir *ici* union et fermeté.

10 *février* 1821.

La journée s'est passée comme de coutume ; rien de nouveau. Les Barbares sont encore en marche, — pas bien équipés, et, comme de juste, assez mal reçus en route. On parle d'une commotion à Paris.

Monté à cheval, de quatre à six heures ; — fini ma lettre à Murray sur les brochures de Bowles : ajouté un *postscriptum*. — Passé ma soirée d'habitude — dehors jusqu'à onze heures, — et ensuite chez moi.

11 *février* 1821.

Écrit ; — fait prendre copie d'un extrait des lettres de Pétrarque, relatif à la conspiration du doge Marino Faliero, avec l'opinion du poète sur la chose. Entendu une forte canonnade du côté de Commachio ; — les Barbares fêtent l'anniversaire ou la fête patronale, j'oublie lequel, de leur plus auguste pourceau, laquelle fête arrive demain. — Reçu un billet pour le premier bal de la saison, qui aura lieu aussi demain. Je n'irai point à celui-ci, mais compte aller au second, ainsi que chez les Veglioni.

13 *février* 1821.

Aujourd'hui lu un peu de la Hollande de Louis Bonaparte, mais rien écrit depuis ma lettre sur la controverse pour et contre Pope. La politique, tout à fait obscure et brumeuse en ce moment. Les Barbares continuent leur marche. Il n'est pas facile de deviner ce que feront les Italiens.

Été élu hier « *socio* » de la société pour les bals de carnaval. C'est le cinquième carnaval passé en Italie. Les quatre premiers, j'ai fait passablement le roué. Pour le présent, je suis aussi sobre et raisonnable que lady Grace elle-même.

14 *février* 1821.

A peu près de même. Ecrit, avant de monter à cheval, moitié d'une scène de Sardanapale. Le premier acte est presque achevé. Le reste du jour et de la soirée comme avant,

— partie dehors à la conversazione, partie à la maison.

Entendu conter les détails d'une rixe qui a eu lieu dernièrement à Russi, ville à peu de distance de Ravenne. C'est exactement l'histoire de Romeo et Juliette, — non Roméo comme l'écrit le Barbare [1]. Deux familles de contadini (paysans) s'étaient voué une haine mortelle. A un bal, les plus jeunes membres des deux familles oublient leurs querelles, et dansent ensemble. Un vieillard entre, et reproche aux jeunes hommes de danser avec les femmes de leurs ennemis. Les parents de ces dernières prennent parti. Tous s'élancent hors de la maison, et s'arment ; ils se rejoignent, au clair de lune, sur la grande route, et se battent. Trois sont tués sur la place, six blessés, presque tous dangereusement. — Ce n'est pas mal pour deux familles, ce me semble ; — et tout cela est un *fait*, une *réalité*, de la semaine dernière. — Un autre assassinat a eu lieu à Césenne : — il y en a eu en tout *quarante* en Romagne depuis trois mois. Ces gens-ci sont encore du moyen-âge.

1. Frédéric Schlegel.

15 février 1821.

Fini hier soir le premier acte de Sardanapale. Il faut que, ce soir ou demain, je réponde à plusieurs lettres.

16 février.

La nuit dernière, le comte P. Gamba m'a envoyé un homme avec un sac plein de baïonnettes, de fusils, et de quelques centaines de cartouches, sans me prévenir, bien que je l'eusse vu une demi-heure avant. Il y a environ dix jours, lorsqu'il devait y avoir un soulèvement ici, les libéraux et mes confrères Carbonari me prièrent d'acheter des armes pour un certain nombre de leurs affiliés. Je le fis de suite, et commandai des munitions, etc. En conséquence, ils furent armés. Bien ; — la révolte est ajournée, parce que les Barbares se mettent en marche une semaine plus tôt qu'on ne comptait ; et le gouvernement rend un décret, ayant force de loi, par lequel tout individu ayant chez lui des armes cachées, etc., etc., sera passif de la prison, etc., etc. — Que font mes amis, les patriotes ? Ils rejettent sur mes bras et dans ma maison (sans un mot d'avertissement) ces mêmes armes que je leur avais fournies sur leur propre demande, à mes risques et périls.

Fort heureusement que Lega s'est trouvé là pour les recevoir. Si le hasard avait voulu que ce fussent les autres domestiques (à l'exception de Tita, et F. Lega), pas un qui n'eût trahi de suite. En attendant, si la chose est dénoncée ou découverte, je serai dans une belle passe.

A neuf heures je suis sorti ; — rentré à onze. Battu le corbeau pour avoir volé la mangeaille du faucon. Lu *les Contes de mon hôte* — écrit une lettre. — Bu un verre d'eau mêlée à d'autres ingrédients.

18 *février* 1821.

Les nouvelles sont que les Napolitains ont coupé un pont et tué quatre carabiniers pontificaux, qui voulaient s'y opposer. Outre le mauvais effet de cet incident pour la neutralité, c'est grand dommage que le premier sang versé dans cette querelle allemande soit italien. Cependant la guerre semble commencer tout de bon ; car si les Napolitains tuent les carabiniers du pape, ils ne seront pas plus délicats avec les Barbares. Du train dont tout cela va, « nous aurons bientôt des nouvelles des gaillards », comme dit Mrs Alison Wilson, dans les *Contes de mon hôte.*

En feuilletant aujourd'hui la correspondance de Grimm, j'ai trouvé une pensée de Tom Moore dans une chanson de Maupertuis adressée à une Laponne.

Et tous les lieux
Où sont ses yeux
Font la zone brûlante.

Maintenant, voici Moore.

And those eyes make my climate, wherever I roam.

Mais je suis sûr que Moore n'en avait rien vu, car cette chanson a paru dans la Correspondance de Grimm en 1813, et je savais celle de Moore par cœur en 1812.

Il y a aussi une autre coïncidence, mais par antithèse.

Le Soleil luit :
Des jours sans nuit

Bientôt il nous destine ;
Mais ces longs jours
Seront trop courts
Passés près de Christine.

C'est la *pensée renversée* de la dernière stance de la jolie ballade sur Charlotte Lynes, donnée dans les Mémoires de Darwin, par miss Seward. Je cite de souvenir ; il y a quinze ans que je n'ai vu l'original.

For my first night I'll go
To those regions of snow,
Where the sun for six months never shines ;
And think, even then,
He too soon came again,
To disturb me with fair Charlotte Lynes !

Aujourd'hui je n'ai point eu de communination avec mes bons amis, les Carbonari ; mais j'ai toujours mes salles basses encombrées de leurs baïonnettes, fusils, cartouches, et Dieu sait quoi ! Je suppose qu'ils *me* considèrent comme un *dépôt* bon à sacrifier, en cas d'accident. Au reste, si l'Italie se libère, peu importe qui ou quoi tombera en sacrifice. C'est un grand but, — la *poésie* de la politique. — Rien que d'y penser le cœur bat. Une Italie libre ! ! ! eh ! il n'y a rien eu de pareil depuis les jours d'Auguste. Je regarde l'époque de Jules César comme un temps de liberté, parce que les commotions laissaient à chacun un parti où se ranger, et les partis étaient à peu près égaux au point de départ. Mais, ensuite, ce ne fut plus que besogne prétorienne et intrigues des Légions, — et depuis ! ! ! — Nous verrons, ou du moins quelques-uns verront de quoi il retourne. Mieux vaut espérer. Dans la guerre de soixante-dix ans, les Hollandais firent plus que ces drôles n'ont à faire.

19 *février* 1821.

Revenu chez moi, seul. — Très grand vent. — Eclairs. — La lune, par intervalle. — Quelques passants isolés, enveloppés dans leurs manteaux. — Femmes masquées. — Maison blanche au milieu des ténèbres. — Les nuages chassés rapidement sur le ciel, pareils à du lait répandu d'un seau. — Le tout semble très poétique. — Il souffle encore très fort. — Les tuiles volent, et la maison tremble. — La pluie tombe pesamment. — L'éclair brille. — C'est tout à fait une belle soirée des Alpes suisses, et de plus, pour accompagnement, la mer mugit dans le lointain.

Sorti : — été à la conversazione. Toutes les femmes effrayées de l'ouragan : elles ne *veulent pas* aller au bal masqué, parce qu'il éclaire. — La pieuse raison !

Le vent fait toujours rage. — A*** m'a envoyé des nouvelles aujourd'hui. La guerre approche de plus en plus. Oh ces misérables souverains ! qu'ils soient une fois battus ! — Que les Napolitains aient seulement le cœur des Hollandais d'autrefois, ou des Espagnols de nos jours, où des Protestants allemands, des Presbytériens écossais, des Suisses sous Guillaume Tell, ou des Grecs sous Thémistocle — *toutes* nations petites et isolées (excepté les Espagnols et les Luthériens d'Allemagne) ; et il y aura encore une insurrection pour l'Italie, et une glorieuse espérance pour le monde.

20 *février* 1821.

L'énergie des Napolitains est la nouvelle du jour. L'esprit public se soutient *ici* merveilleusement. Les Américani (société patriotique qui est une affiliation des Carbonari) donnent sous peu de jours un dîner dans la forêt, auquel ils m'ont invité comme membre. C'est dans le bois hanté par le fantôme du chasseur de Boccace et de Dryden ; et quand bien même je ne partagerais pas les opinions politiques des amphytrions (pour ne rien dire de mon penchant pour la bonne chère, qui, de temps en temps, se ranime), j'irais comme poète, ou du moins comme amant de la poésie. Je m'attends à voir le spectre d'Ostasio degli Onesti (dont Dryden a fait Guido Cavalcanti, — personnage essentiellement différent, comme on peut le voir dans le Dante) venir «fondre sur sa proie» au milieu du festin. Dans tous les cas, qu'il vienne ou non, je compte me griser et faire le plus de patriotisme possible.

Depuis plusieurs jours, j'ai lu et point écrit.

21 *février* 1821.

Comme de coutume, — monté à cheval, — fait des visites, etc. Les affaires commencent à s'embrouiller. Le pape a fait imprimer une déclaration contre les patriotes, qui, dit-il, méditent un soulèvement. La suite de tout ceci, c'est que, dans une quinzaine, tout le pays sera debout. La proclamation n'est pas encore publiée, mais imprimée, prête à être distribuée. *** m'en a envoyé secrètement une copie, — signe certain qu'il ne sait que penser. Lorsqu'il veut se mettre bien avec les patriotes, il ne manque pas de m'envoyer quelque message poli.

Quant à moi, il me semble qu'il n'y a que le succès le plus décidé du côté des Barbares, qui puisse empêcher un soulèvement général et immédiat de la nation tout entière.

23 *février* 1821.

Presque le *ditto* d'hier, — promené, etc. — fait des visites, — point écrit, — lu l'Histoire romaine.

Reçu une curieuse lettre d'un drôle, qui m'avertit que les Barbares sont mal disposés pour moi. C'est probablement un espion, ou un imposteur. Mais qu'il en soit ainsi qu'il dit ! Ils ne sauraient prodiguer leur haine à quelqu'un qui les méprise et les exècre plus que je ne fais, ou qui soit prêt à supposer à leurs vues avec plus de zèle, quand l'occasion s'en offrira.

24 *février* 1821.

Sorti à cheval comme d'ordinaire, etc. Les nouvelles secrètes, arrivées ce matin de la frontière aux Carbonari, sont aussi mauvaises que possible. Le *plan* a échoué, — les chefs sont trahis, tant militaires que civils, et non seulement les Napolitains n'ont pas bougé, mais ils ont déclaré au gouvernement du pape et aux Barbares qu'ils ne savaient de quoi il était question ! ! !

Ainsi va le monde ; et ainsi les Italiens se sont toujours perdus faute d'union et de tenue. Que faire *ici ?* que décider entre deux feux, et toute communication coupée avec la frontière du Nord ? J'étais d'avis qu'il valait mieux se soulever que se laisser prendre en détail ; mais je ne puis dire maintenant comment on s'arrangera. On a envoyé des messagers aux délégués des autres villes pour connaître leurs résolutions.

J'avais toujours eu l'idée que l'affaire

serait *gâchée*, mais je faisais de mon mieux pour espérer, et y tâche encore. Toute chose que je pourrai faire, en argent, en moyens, ou en personne, je le hasarderai de bon cœur pour leur liberté ; comme je l'ai dit à quelques-uns de leurs chefs assemblés ici, il y a une demi-heure. J'ai en caisse deux mille cinq cents scudi, un peu plus de cinq cents louis, que je leur ai offerts pour commencer.

25 *février* 1821.

Revenu à la maison avec un grand mal de tête ; — abondance de nouvelles mais trop ennuyeuses à écrire. Je n'ai de toute la journée ni lu, ni pensé, ni écrit, mais mené une vie purement animale. Je voulais essayer de griffonner une ou deux pages avant de me coucher : mais comme dit l'écuyer Sournois : « la tête me fait diablement mal ; Scrub, apporte-moi un petit coup ! » Bu du vin d'Imola, et du punch.

27 *février* 1821.

J'ai interrompu mon journal un jour, faute de pouvoir trouver un livre blanc. A la fin, je me suis rappelé celui-ci.

Sorti, etc., — dîné, — écrit une nouvelle stance à ajouter au cinquième chant de *Don Juan* : je l'avais composée ce matin dans mon lit. — Visité l'*amica.* Nous sommes invités à la soirée du Veglione, du prochain dimanche gras, avec la marquise Clélie Cavalli et la comtesse Spinelli Rusponi. J'ai promis d'y aller. La nuit dernière, il y a eu grande rumeur au bal, dont je suis sociétaire. Le vice-légat avait eu l'imprudente insolence d'y introduire *trois* de ses gens masqués — *sans billets*, et en dépit des remontrances. Il s'ensuivit que les jeunes gens du bal le prirent sur le haut ton, et furent sur le point de jeter le vice-légat par la fenêtre. Ses domestiques, effrayés de la scène, se retirèrent et lui après eux. Sa Révérence, *Monsignore*, devait savoir que ces temps-ci ne sont pas de ceux où les prêtres peuvent fouler aux pieds tout décorum. Deux minutes de plus, deux pas de plus, et toute la ville était armée, et le gouvernement chassé.

Tel est l'esprit du jour, et ces drôles ne semblent pas s'en douter. Pour le fait en lui-même les jeunes gens étaient dans leur droit, les domestiques étant toujours exclus de ces assemblées.

Hier, écrit deux notes sur la controverse de « Bowles et Pope », que j'ai envoyées à Murray par la poste. La vieille femme que j'ai assistée dans la forêt m'a apporté deux bouquets de violettes. « *Nam vita gaudes mortua floribus.* » J'ai été charmé de ce présent. Une Anglaise m'eût offert pour le moins une paire de bas de laine, au mois de février : les deux sont de bonnes choses, mais le cadeau de ma vieille Italienne est plus élégant. A cette époque de l'année, il me rappelle une stance de Gray, omise dans son élégie :

Par l'averse tombée dans cette fraîche enceinte,
La violette y naît, précoce à s'éveiller ;
Le rouge-gorge y vient bâtir et gazouiller.
Et des pieds délicats y laissent leur empreinte.

Elle est aussi belle qu'aucune de celles qu'il a conservées. Je m'étonne qu'il ait eu le cœur de la retrancher.

J'ai souffert horriblement la nuit dernière d'une indigestion, à ce que je crois. Je ne soupe *jamais*, — c'est-à-dire jamais chez moi. Mais hier soir je me suis laissé persuader par la comtesse Gamba et par l'exemple encourageant de son frère, et j'ai avalé à souper une quantité de pétoncles bouillies, que j'ai arrosées avec force vin d'Imola. De retour à la maison, craignant les conséquences de cet excès, j'ai bu trois ou quatre verres d'esprits qu'il plaît aux hommes (c'est-à-dire aux marchands) d'appeler de l'eau-de-vie, du rhum, ou du genièvre; mais qui, selon Dieu et l'esprit de vérité, ne sont autre chose que de l'esprit de vin coloré ou sucré. Tout allait assez bien jusqu'au moment où je me suis couché ; mais alors je me suis senti de l'enflure, des vertiges. Je me suis relevé et, après avoir fait un mélange de poudre de soda, je l'ai bu. Ce remède a amené un soulagement momentané. Je me suis remis au lit, où j'ai éprouvé de nouveau de l'étourdissement et du malaise. Repris de l'eau de soda ; enfin, je suis tombé dans un sommeil pénible et fatigant. Pas bien à mon réveil, et malade tout le jour, jusqu'à ce que j'eusse fait quelques milles au galop. Question. — Etaient-ce les pétoncles, ou ce que j'ai pris pour les faire passer, qui ont causé la commotion ? Je crois que ce sont les deux choses. Tant qu'a duré le mal, j'ai remarqué qu'il me jetait dans une complète inertie ; il amenait l'inaction et la destruction de mes principales facultés mentales. J'ai fait de grands efforts pour les réveiller, sans pouvoir y parvenir. — Et c'est là l'*âme !* Je le croirais *mariée* au corps, s'ils ne sympathisaient. pas tant ensemble. Si l'une montait quand l'autre s'abat, ce serait signe qu'ils aspirent à l'état naturel du divorce. Mais, dans leur tendance actuelle, ils semblent attelés comme des chevaux de poste.

Espérons le mieux ; — l'espoir est la seule bonne réalité.

JOURNAL SANS DATE

Plutarque dit que, selon Aristote, les grands génies sont généralement mélancoliques, et il donne pour exemple Socrate, Platon, etc. Je ne sais si je suis un génie, quoique appelé ainsi par amis et par ennemis ; de mon génie je ne puis rien dire ; mais quant à ma mélancolie, elle croît et devrait diminuer ; mais comment ?... Je pense que la plupart des hommes sont au fond ainsi, mais que cela est remarqué seulement dans les remarquables...

Comme nous perdons vite l'impression de ce qui cesse d'être *constamment* devant nous ! Un an pâlit, un lustre *efface* ; il ne reste presque rien de distinct, à moins d'effort de mémoire ; *alors*, pour un instant, les lueurs se ravivent ; mais qui peut être sûr que ce n'est pas l'imagination qui est le porte-flambeau ? Que quelque homme que ce soit essaie, au bout de dix ans, de ranimer en sa pensée les traits, l'âme, les dires, les habitudes de son meilleur ami, ou de son *plus grand* homme (j'entends son favori, son Bonaparte), et il sera surpris de l'extrême confusion de ses idées. Je parle avec certitude, ayant toujours passé pour avoir une mémoire excellente ; j'excepte nos souvenirs des femmes : pas moyen de les oublier, elles (le diable les emporte) ! pas plus qu'aucune ère remarquable, telle qu'une révolution, ou la peste, ou l'invasion, ou la comète : car l'homme a tant de bénédictions dans son lot, qu'il les trouve trop communes, et fait de ses malheurs ses dates favorites. Par exemple, nous datons de la grande sécheresse, du grand hiver, de la guerre de sept ans, des révolutions anglaise, française ou espagnole ; des tremblements de terre de Lima, de Lisbonne, de Calabre ; des pestes de Londres, de Constantinople, etc., etc. ; mais jamais l'abondante moisson, le bel été, la longue paix, ne sont emphatiquement rappelés ; et, par parenthèse, il y a eu une guerre de *trente ans*, une de *soixante-dix* ; fut-il jamais paix de soixante-dix ou de trente ? Où y a-t-il eu seulement un jour de paix universelle, excepté peut-être en Chine, où ils ont trouvé le misérable bonheur d'une médiocrité lâche et stationnaire ? Est-ce que la nature est avare ou féroce, ou l'homme ingrat ? Que les philosophes en décident, je ne suis pas philosophe.

En général, les littérateurs ne me vont pas ; ce n'est pas que je les haïsse, mais quand j'ai loué leur dernier ouvrage, je ne sais plus que leur dire. Il y a quelques exceptions d'hommes du monde, comme Scott et Moore, ou de visionnaires en dehors de lui, comme Shelley, etc. ; mais je ne puis sympathiser avec vos littérateurs de tous les jours, surtout je n'ai jamais pu endurer ceux de l'étranger, excepté Giordani et... et... et... ma foi je n'en puis nommer d'autres ; je ne m'en rappelle pas un que j'eusse souhaité revoir, excepté peut-être Mezzophanti, qui est un prodige de langage, Briarée des parties du discours, polyglotte ambulant, qui aurait dû vivre au temps de la tour de Babel, comme interprète universel ; véritable merveille, et sans prétentions encore ! Je l'ai tâté sur toutes les langues desquelles je savais seulement un juron ou adjuration des dieux contre postillons, sauvages, forbans, bateliers, matelots, pilotes, gondoliers, muletiers, conducteurs de chameaux, vetturini, maîtres de poste, chevaux de poste, maisons de poste, toute chose de poste ! et pardieu ! il m'a confondu dans mon propre idiome.

*
* *

Aucun homme ne voudrait revivre sa vie ; c'est un vieux et vrai dicton que chacun peut résoudre pour soi ; mais il y a probablement dans l'existence de la plupart des hommes des moments pour lesquels ils recommenceraient à vivre. Autrement, pourquoi vivrait-on ? L'espérance se retrempe dans la mémoire, toutes deux fausses, — mais — mais... et ce mais nous traîne jusqu'à... Quoi ? Je ne sais ! et qui le sait ?... celui qui mourut mercredi.

*
* *

Inutile de me dire de *ne pas raisonner*, mais de *croire* ; vous pourriez aussi bien dire à un homme de ne pas veiller, mais de *dormir*. Puis ces tortures, ces tourments... Je ne puis m'empêcher de penser que la menace de l'enfer fait autant de diables que les codes pénaux d'une société inhumaine font de scélérats.

*
* *

L'homme est né *passionné* de corps, mais le ressort principal de son âme a une tendance invétérée et secrète à l'amour du *bon*. Que Dieu nous soit en aide ! c'est pour le présent un triste conflit d'atomes !

*
* *

La matière toujours changeante, toujours reproduite, éternelle enfin ; pourquoi non l'âme ? pourquoi n'agira-telle pas et sur l'univers comme des portions d'elle agissent avec et sur cette poussière appelée humanité ? Voyez comme un homme agit sur lui-même, sur les autres, sur des multitudes ! La même influence, plus haute, plus pure, peut s'exercer sur les étoiles, les soleils, etc., à l'infini !...

*
* *

Je suis toujours plus religieux un jour de soleil... La nuit aussi me semble sainte, et plus encore depuis que j'ai vu la lune et les étoiles à travers le télescope d'Herschell, et que j'ai compris que c'étaient des mondes...

*
* *

L'homme est peut-être un débris dégénéré du naufrage d'un premier monde, appauvri dans la lutte ; mais même ce préadamite supposé avait une origine, un *créateur.* La création est une conjecture plus naturelle qu'un concours fortuit d'atomes ; toutes choses remontent à une source, quoiqu'elles puissent se perdre dans un océan...

*
* *

Il me semble, si nous suivons pour un moment l'action perpétuelle de l'intelligence, que l'immortalité de l'âme est probable. J'en doutais parfois, la réflexion m'a mieux instruit. L'âme agit si indépendamment du corps, en rêve par exemple, avec incohérence, *follement,* il est vrai, mais c'est encore l'âme, plus même que quand nous sommes éveillés. Qui peut dire donc qu'elle n'aura pas sa vie *séparée* comme elle l'a conjointe ? Les stoïciens disent de l'état présent : « C'est une âme qui traîne une carcasse. » Chaîne pesante ! mais toute chaîne matérielle peut se briser. Que l'autre vie soit *individuelle*, ou plutôt jusqu'à quel point elle ressemblera à notre existence présente, c'est une autre question. Mais l'éternité des esprits me semble aussi probable que celle des corps l'est peu. J'aborde la question sans recourir à la Révélation, qui cependant a sa solution aussi rationnelle qu'une autre. Une résurrection matérielle ! cela semble étrange, absurde même, excepté comme châtiment ; toute punition qui est *vengeance*, et non correction, est *moralement coupable* : or, le *monde fini*, à quel but d'éternelles tortures : Non, les passions humaines ont probablement défiguré en cela les doctrines d'en haut ; mais ces profondeurs ne se peuvent sonder....

TABLE DES MATIÈRES

ACHEVÉ D'IMPRIMER
LE 28 JANVIER 1930
PAR F. PAILLART, A
ABBEVILLE (SOMME)

www.ingramcontent.com/pod-product-compliance
Ingram Content Group UK Ltd.
Pitfield, Milton Keynes, MK11 3LW, UK
UKHW022056260726
13993UKWH00001B/159

9 782329 287058